여러분의 합격을 응원하는
해커스공무원의 특별 혜택

FREE 공무원 국어 **특강**

해커스공무원(gosi.Hackers.com) 접속 후 로그인 ▶ 상단의 [무료강좌] 클릭하여 이용

 해커스공무원 온라인 단과강의 **20% 할인쿠폰**

47AEC6EC596CDE2C

해커스공무원(gosi.Hackers.com) 접속 후 로그인 ▶ 상단의 [나의 강의실] 클릭 ▶
좌측의 [쿠폰등록] 클릭 ▶ 위 쿠폰번호 입력 후 이용

* 등록 후 7일간 사용 가능(ID당 1회에 한해 등록 가능)

합격예측 **온라인 모의고사 응시권 + 해설강의 수강권**

AF83375F87A3F9EK

해커스공무원(gosi.Hackers.com) 접속 후 로그인 ▶ 상단의 [나의 강의실] 클릭 ▶
좌측의 [쿠폰등록] 클릭 ▶ 위 쿠폰번호 입력 후 이용

* ID당 1회에 한해 등록 가능

해커스 매일국어 **어플 이용권**

VA5RPAHVVZ9ND3Y4

구글 플레이스토어/애플 앱스토어에서 [해커스 매일국어] 검색 ▶
어플 다운로드 ▶ 어플 이용 시 노출되는 쿠폰 입력란 클릭 ▶ 위 쿠폰번호 입력 후 이용

▲ 매일국어 어플 바로가기

* 등록 후 30일간 사용 가능(ID당 1회에 한해 등록 가능)
* 해당 자료는 [해커스공무원 국어 기본서] 교재 내용으로 제공되는 자료로, 공무원 시험 대비에 도움이 되는 유용한 자료입니다.

쿠폰 이용 관련 문의 1588-4055

단기 합격을 위한
해커스공무원 커리큘럼

입문

▼

기본+심화

▼

기출+예상 문제풀이

▼

동형문제풀이

▼

최종 마무리

▼

PASS

탄탄한 기본기와 핵심 개념 완성!

누구나 이해하기 쉬운 개념 설명과 풍부한 예시로 부담없이 쌩기초 다지기

TIP 베이스가 있다면 **기본 단계**부터!

필수 개념 학습으로 이론 완성!

반드시 알아야 할 기본 개념과 문제풀이 전략을 학습하고
심화 개념 학습으로 고득점을 위한 응용력 다지기

문제풀이로 집중 학습하고 실력 업그레이드!

기출문제의 유형과 출제 의도를 이해하고 최신 출제 경향을 반영한
예상문제를 풀어보며 본인의 취약영역을 파악 및 보완하기

동형모의고사로 실전력 강화!

실제 시험과 같은 형태의 실전모의고사를 풀어보며 실전감각 극대화

시험 직전 실전 시뮬레이션!

각 과목별 시험에 출제되는 내용들을 최종 점검하며 실전 완성

**단계별 교재 확인 및
수강신청은 여기서!**

gosi.Hackers.com

* 커리큘럼 및 세부 일정은 상이할 수 있으며,
자세한 사항은 해커스공무원 사이트에서 확인하세요.

해커스공무원

혜원국어

적중 여신의

정교한 논리

핵심 이론과 유형별 문제풀이로
신유형 논리 2주 완성!

2025년 시험부터 국어 과목이 새롭게 개편되어, 시험의 방향성과 요구되는 역량에서도 큰 변화가 있었습니다. 기존의 시험이 문법과 어문 규정, 어휘와 문학 영역에서의 단편적인 암기를 통한 지식 중심의 평가였다면, 바뀐 시험은 논리력과 사고력, 독해력을 바탕으로 한 문제 해결 중심의 평가입니다. 이는 단순한 국어 지식의 암기를 확인하는 시험이 아닌 국어를 통한 사고력을 검증하는 시험으로 바뀌었다는 의미이기도 합니다.

이러한 변화는 공무원을 준비하는 수험생 여러분에게 새로운 도전이지만, 한편으로는 모두에게 공평하게 주어진 새로운 기회이기도 합니다. 공평하게 주어진 기회를 잡기 위해서는 그에 걸맞은 준비가 필요합니다.

『해커스공무원 혜원국어 적중 여신의 정교한 논리』는
1. 변화된 출제 경향에 맞추어, 시험에 꼭 필요한 필수 개념과 유형만을 간결하게 담았습니다.
2. 시험에 나올만한 논리 문제를 유형별로 나누고, '유형 분석'과 '정복 비법', '핵심 이론'을 한눈에 볼 수 있도록 구성하였습니다.
3. 시험 현장에 도움이 될 만한 내용을 '혜원쌤의 노하우'로 수록하여 실전에 대비할 수 있습니다.
4. 유형별로 '대표 문제'와 '실전 문제'를 수록하여 학습한 내용을 바로 적용해 볼 수 있습니다.

시험이 바뀌었다는 것은 출발선이 모두 같아졌다는 뜻이기도 합니다.
『해커스공무원 혜원국어 적중 여신의 정교한 논리』가 여러분들에게 합격으로 가는 방향을 알려주는 나침반이자, 마음이 흔들릴 때마다 돌아볼 수 있는 확실한 기준점이 되어줄 것입니다.

예비 합격생 여러분, 여러분의 합격을 응원합니다!

2025년 6월
고혜원

목차

이 책의 구성과 활용법

① 핵심 이론과 문제로 논리 2주 완성!

새롭게 바뀐 9급 공무원 국어 시험에서 가장 주목해야 할 영역은 새롭게 등장한 논리입니다. 낯설고 어렵게 느껴지는 논리 유형을 가장 쉽고 빠르게 학습할 수 있도록 핵심 이론과 양질의 문제를 엄선하여 총 14개의 Day로 구성하였습니다.

매일 1개의 DAY를 학습하며 14일 동안 논리 실력을 완성하세요. 논리의 기초가 없는 수험생이라면 '논리 핵심 이론'을 여러 번 회독하는 것을 추천합니다.

② [논리 핵심 이론]과 [유형 분석 + 핵심 이론]으로 논리 기초 다지기!

논리 핵심 이론

문제풀이에 반드시 필요한 핵심 이론을 엄선 수록하여 논리를 처음 접하는 사람도 이해하기 쉽도록 구성하였습니다. [개념 바로 확인하기]를 통해 학습한 논리 이론을 주관식 문제에 바로 적용해 보며 논리 이론을 자연스럽게 체화할 수 있습니다.

유형 분석 + 핵심 이론

[유형 분석]을 통해 각 유형별 출제 경향과 대표 유형 문제를 한눈에 파악할 수 있습니다. 또한 논리 유형을 정복하는 비법을 제시하는 '유형 정복 비법'을 통해 각 유형별 문제풀이 방법을 익힐 수 있습니다.

③ 양질의 논리 문제를 풀어보며 실전 감각 키우기!

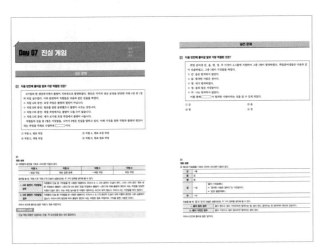

최신 출제경향을 철저히 분석하여 출제 가능성이 높은 실전 문제를 수록하였습니다. 각 유형별 문제풀이 비법을 직접 적용해보면서 논리 실력을 빠르게 향상시킬 수 있습니다.

④ 명쾌하고 상세한 해설로 고득점 달성!

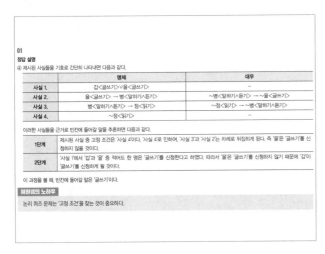

논리의 문제풀이 과정을 상세하게 풀이해 주는 알찬 해설로 어려운 논리 풀이 과정을 쉽게 이해할 수 있습니다. 상세한 해설을 차근차근 따라가다 보면 부족한 논리 실력을 효과적으로 보완할 수 있습니다.

해커스공무원 혜원국어 적중 여신의 정교한 논리

PART 0
논리 핵심 이론

핵심 이론 01 명제

1. 개념

① 참·거짓을 명확하게 판별할 수 있는 '평서문'으로 된 문장이다.

② 명제의 개념을 볼 때, 명제가 되기 위해서는 '참·거짓을 명확하게 판별'할 수 있어야 한다. 따라서 개인적인 생각, 즉 주관을 드러내는 문장은 명제가 될 수 없다.

③ 또한 '평서문'이 아닌 문장, 즉 감탄문이나 명령문, 의문문 등도 명제가 될 수 없다. 이들은 '평서문'처럼 참 또는 거짓을 명확하게 판별할 수 없기 때문이다.

④ 이외에도 인사나 약속이나 의지를 나타내는 말 모두 명제가 될 수 없다.

2. 종류 ⇨ 단순 명제, 복합 명제(합성 명제)

① 명제의 개수에 따라 '단순 명제'와 '복합 명제'로 나눌 수 있다. 명제 논리의 가장 기본 단위인 '단순 명제'가 두 개 이상 이어진 것을 '복합 명제' 또는 '합성 명제'라고 한다.

② 두 개 이상의 '단순 명제'가 이어진 것을 '복합 명제'라고 하였다. 이때 '그리고'의 의미로 이어질 수도 있고, '또는' 등의 의미로 이어질 수도 있다. '그리고', '또는' 등과 같은 의미를 나타내는 '기호'가 있는데, 이를 '논리 연결사'라고 한다.

③ 논리 연결사

기호	기능	기호 및 의미
~	부정	$\sim p$
		p가 아니다.
∧	연언	$p \wedge q$
		p 그리고 q
∨	선언	$p \vee q$
		p 또는 q
→	조건	$p \rightarrow q$
		p이면 q이다.
≡	동치	$p \equiv q (p \leftrightarrow q)$
		p일 때, 그리고 오직 그때만 q이다.

④ 앞의 내용을 볼 때, 논리 연결사로 이어진 명제는 '복합 명제'임을 알 수 있다. 그렇다면 부정문은 단순 명제일까 복합 명제일까? 'P이다.'의 부정문인 'P가 아니다.'를 논리 연결사로 표현하면 '~P'가 된다. 단순 명제 'P'에 부정의 논리 연결사 '~'가 결합한 형태이기 때문에, 부정문인 '~P'도 복합 명제이다.

개념 바로 확인하기

제시된 명제를 논리 연결사로 바꾸어 보시오.

(1) 나는 A가 아니다.

(2) 나는 A 또는 B이다.

(3) 나는 A 그리고 B이다.

(4) 나는 A일 때 B이다.

(5) 나는 A일 때, 그리고 오직 그때만 B이다.

(6) 철수는 과일을 좋아하지 않는다.

(7) 오늘은 날이 흐리고 기온이 낮다.

(8) 나는 술과 담배를 모두 한다.

(9) 학교에 가면 공부를 한다.

(10) 운동을 할 때, 오직 그때만 살이 빠진다.

(11) 열정적으로 일을 하는 사람이라면 평판이 좋다.

(12) 나는 고구마는 좋아하지만, 감자는 좋아하지 않는다.

(13) 대중교통을 이용하면 돈도 아끼고 건강도 챙길 수 있다.

(14) 수학을 좋아하면 과학은 좋아하지만 영어는 좋아하지 않는다.

(15) 그녀가 너를 좋아할 때, 그리고 오직 그때만 나를 좋아한다.

[정답]

(1) ~A

(2) A∨B

(3) A∧B

(4) A→B

(5) A≡B(A↔B)

(6) ~과일 ⇨ '과일을 좋아하다.'를 부정하는 것이므로 '~과일' 정도로 표현할 수 있다.

(7) 날이 흐림∧기온이 낮음 ⇨ '날이 흐리다. 그리고 기온이 낮다.'라는 의미이므로 ∧으로 표현할 수 있다.

(8) 술∧담배 ⇨ '술 그리고 담배'라는 의미이므로 ∧으로 표현할 수 있다.

(9) 학교 → 공부 ⇨ '학교에 가면'은 조건이고, '공부를 한다.'는 결과이므로 →으로 표현할 수 있다.

(10) 운동 ≡ 살이 빠짐(운동 ↔ 살이 빠짐) ⇨ '운동'을 하는 경우에만, 오직 그때만 '살이 빠짐'의 의미이므로 ≡(↔)로 표현할 수 있다.

(11) 열정적으로 일 → 평판이 좋음 ⇨ '열정적으로 일을 하는 사람이라면'은 조건이고, '평판이 좋다.'는 결과이므로 →으로 표현할 수 있다.

(12) 고구마∧~감자 ⇨ '고구마를 좋아한다. 그리고 감자를 좋아하지 않는다.'라는 의미이므로 ∧와 ~을 사용하여 표현할 수 있다.

(13) 대중교통 이용 → 돈 아낌∧건강 챙김
　　⇨ '대중교통을 이용하면'은 조건이고, '돈을 아끼다. 그리고 건강을 챙기다.'는 결과이다. 따라서 →와 ∧을 사용하여 표현할 수 있다.

(14) 수학 좋아함 → 과학 좋아함∧~영어 좋아함
　　⇨ '수학을 좋아하면'은 조건이고, '과학을 좋아하고 영어를 좋아하지 않는다.'는 결과이므로 →와 ∧으로 표현할 수 있다. 또 '좋아하다'를 부정한 것이므로 ~을 사용하여 표현할 수 있다.

(15) 너 ≡ 나(너 ↔ 나) ⇨ '너'를 좋아할 때에만, 오직 그때만 '나'를 좋아한다는 의미이므로 ≡(↔)로 표현할 수 있다.

핵심 이론 02 정언 명제

1. 개념

① 술어(P)가 다른 제한조건 없이 주어(S)의 전체나 부분을 긍정하거나 부정하는 명제이다.

② 논리학에서 '양화사'는 수량을 나타내는 말이고, '계사'는 술어의 긍정과 부정을 나타내는 말이다. 정언 명제는 '양화사(量化詞)'와 '계사(繫辭)'에 따라 네 가지 유형으로 나뉜다.

③ '양화사'를 기준으로 '전칭'과 '특칭★'으로 나눌 수 있다. '모든'과 '어떤'이 가장 일반적이다. '모든'은 전체를 지칭한다고 하여 '전칭(全稱)'이라고 한다. '어떤'은 부분을 지칭한다고 하여 '특칭(特稱)'이라고 한다.

> 🏆 '특칭'의 경우 '어떤'이 가장 자주 나타나는 형태이기는 하지만, '약간, 몇몇, 거의, 대부분'의 형태로도 나타나기도 한다. 그러나 '모든' 외에는 모두 '특칭'으로 이해하여도 무방하다.

④ '계사'를 기준으로 긍정을 나타내는 '이다'와 부정을 나타내는 '아니다'가 있다.

2. 유형

양(量) \ 질(質)	긍정★ (이다)		부정★ (아니다)	
전칭 (모든)	① A명제		② E명제	
	모든 S는 P이다.		모든 S는 P가 아니다.	
특칭 (어떤)	③ I명제		④ O명제	
	어떤 S는 P이다.		어떤 S는 P가 아니다.	

> 🏆 A명제, I명제는 '나는 긍정한다.'라는 의미를 가진 라틴어 'AffIrmo'의 첫 번째 모음 A와 두 번째 모음 I에서 유래한 것이다.

> 🏆 E명제, O명제는 '나는 부정한다.'라는 의미를 가진 라틴어 'nEgO'의 첫 번째 모음 E와 두 번째 모음 O에서 유래한 것이다.

① 전칭긍정명제(A명제)의 표준 형식은 '모든 S는 P이다.'이다. 즉 'S 집합' 전체가 'P 집합'에 포함되어 있음을 의미한다.

② 전칭부정명제(E명제)의 표준 형식은 '모든 S는 P가 아니다.'이다. 즉 'S 집합' 전체가 'P 집합'에 포함되어 있지 않음을 의미한다. 이는 '어떤 S도 P가 아니다.'와 같은 의미로 인식된다. 예를 들어 '모든 사람은 무생물이 아니다.'는 '어떤 사람도 무생물이 아니다.'와 같은 의미이다.

③ 특칭긍정명제(I명제)의 표준 형식은 '어떤 S는 P이다.'이다. 즉 'S 집합'의 원소 중 일부는 'P 집합'에 포함되어 있음을 의미한다.

④ 특칭부정명제(O명제)의 표준 형식은 '어떤 S는 P가 아니다.'이다. 즉 'S 집합'의 원소 중 일부는 'P 집합'에 포함되어 있지 않음을 의미한다.

> **혜원쌤의 노하우**
>
> '모든/어떤'을 '양(量)'으로, '이다/아니다'를 '질(質)'로 표현하기도 한다.

3. 표준 형식으로 바꾸는 방법

(1) 적절한 양화사 추가

'모든'이나 '어떤'과 같은 양화사가 필요하다. 따라서 적절한 양화사가 없거나, 양화사가 있더라도 표준적이지 않다면 적절한 양화사를 추가하면 된다.

① 양화사가 없는 경우

> 예 까마귀는 검은색이다.
> → 모든 까마귀는 검은색이다. (A명제)

② 표준적이지 않은 양화사가 있는 경우

> 예 몇몇 군인들은 애국심이 있는 사람이다.
> → 어떤 군인들은 애국심이 있는 사람이다. (I명제)

(2) 서술어를 '이다/아니다'로 바꾸기

서술어는 'P이다'나 'P가 아니다' 형태가 되어야 한다. 따라서 서술어가 '이다'나 '아니다' 형태가 아니라면, 적절한 명사나 명사형 술어로 바꾸면 된다.

> 예 모든 새는 날개가 있다.
> → 모든 새는 날개가 있는 동물이다. (A명제)

(3) '유일한'이 나오면 '모든'으로 바꾸기

'유일하다'는 것은 '하나뿐이다', 즉 '모두 다 그렇다'는 의미이다. 따라서 '유일한'이 나오면 '모든'으로 바꿀 수 있다. '모든'으로 바꾼 후, '모든' 뒤에 나오는 단어가 주어가 되도록 고친다.

> 예 AI산업이 유일한 대안이다.
> → 모든 대안은 AI산업이다. (A명제)

(4) 전건과 후건의 주어가 동일한 조건 명제는 A명제나 E명제로 바꾸기

> 예 · 만약 그것이 사과라면 그것은 과일이다.
> → 모든 사과는 과일이다. (A명제)
> · 만약 그 요리에 송로버섯이 들어가 있다면 그것은 싸지 않다.
> → 모든 송로버섯이 들어간 요리는 싼 것이 아니다. (E명제)

개념 바로 확인하기

일상적 표현을 표준 형식으로 바꾸어 보시오.

(1) 어떤 튤립은 노란색이다.

(2) 만약 그것이 토끼라면 그것은 동물이다.

(3) 영화를 보는 것은 그의 유일한 취미이다.

(4) 만일 어떤 것이 물이라면, 그것은 0℃에서 언다.

(5) 에메랄드는 녹색 보석이다.

(6) 몇몇 청소년들은 학교에 다니지 않는다.

(7) 모든 사람은 사랑하는 사람이 있다.

(8) 이 동네에 사는 유일한 사람은 우리 가족이다.

(9) 일부만 과일을 싫어한다.

(10) 만약 반지에 다이아몬드가 박혀 있다면 그것은 값이 비싸다.

[정답]

(1) 어떤 튤립은 노란색 꽃이다.

(2) 모든 토끼는 동물이다.

(3) 모든 그의 취미는 영화를 보는 것이다.

(4) 모든 물은 0℃에서 어는 물질이다.

(5) 모든 에메랄드는 녹색 보석이다.

(6) 어떤 청소년들은 학교에 다니지 않는 사람이다.

(7) 모든 사람은 사랑하는 사람이 있는 존재이다.

(8) 이 동네에 사는 모든 사람은 우리 가족이다.

(9) 어떤 사람은 과일을 좋아하지 않는 사람이다.

(10) 모든 다이아몬드가 박힌 반지는 값이 비싸다.

핵심 이론 03 대당 관계

1. 개념

① 정언 명제들 사이의 진위 관계, 같은 주어와 술어로 되어 있으면서 양과 질이 다른 두 판단의 참과 거짓의 관계를 말한다.

② 4가지 명제, 즉 'A명제(전칭긍정명제)', 'E명제(전칭부정명제)', 'I명제(특칭긍정명제)', 'O명제(특칭부정명제)'의 상호 관계를 보여주는 표를 '대당 사각형(square of opposition)'이라고 한다.

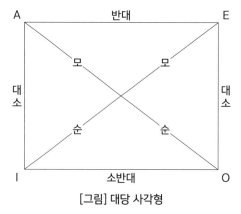

[그림] 대당 사각형

2. 종류

(1) 반대 관계

① 두 명제가 동시에 참일 수 없으나, 동시에 거짓일 수 있는 관계를 말한다.

② '반대 관계'는 A명제와 E명제 간의 관계로, 두 명제는 동시에 참일 수는 없지만, 동시에 거짓일 수는 있다. 각각의 경우를 나눠서 예를 들어 보면 다음과 같다.

　㉠ 두 명제가 동시에 참이 되는 경우 ⇨ 불가능

　　ⓐ '모든 새는 날개가 있는 동물이다.(A명제)'와 '모든 새는 날개가 없는 동물이다.(E명제)'로 예를 들어 보자. 두 명제는 동시에 참이 될 수는 없다. 왜냐하면 '날개'의 있음과 없음이 양립할 수 없기 때문이다.

　　ⓑ 두 명제가 동시에 참일 수는 없기 때문에 A명제가 참이면, E명제는 거짓이다. 반대로 E명제가 참이면, A명제는 거짓이다.

　㉡ 두 명제가 동시에 거짓이 되는 경우 ⇨ 가능

　　ⓐ '모든 강아지는 흰색이다.(A명제)'와 '모든 강아지는 흰색이 아니다.(E명제)'로 예를 들어 보자. 두 명제는 동시에 거짓이 될 수 있다. 왜냐하면 어떤 강아지는 흰색이고, 어떤 강아지는 흰색이 아닐 수 있기 때문이다.

　　ⓑ 두 명제가 동시에 거짓일 수는 있기 때문에 A명제가 거짓이면, E명제는 참 또는 거짓이다. 반대로 E명제가 거짓이면, A명제는 참 또는 거짓이다.

> **혜원쌤의 노하우**
>
> **A명제가 거짓일 때, E명제가 참인 경우**
> ・A명제: 모든 백조는 검은색이다. (거짓)　　　　・E명제: 모든 백조는 검은색이 아니다. (참)

(2) 소반대 관계

① 두 명제가 모두 참일 수 있으나, 동시에 거짓일 수 없는 관계를 말한다.

② '소반대 관계'는 I명제와 O명제 간의 관계로, 두 명제가 모두 참일 수는 있지만, 두 명제가 모두 거짓일 수는 없는 관계이다. 각각의 경우를 나눠서 예를 들어 보면 다음과 같다.

  ⊙ 두 명제가 동시에 참인 경우 ⇨ 가능

  ⓐ '어떤 강아지는 흰색이다.(I명제)'와 '어떤 강아지는 흰색이 아니다.(O명제)'로 예를 들어 보자. 두 명제는 동시에 참이 될 수 있다. 왜냐하면 어떤 강아지는 흰색이고, 어떤 강아지는 흰색이 아닐 수 있기 때문이다.

  ⓑ 두 명제가 동시에 참일 수는 있기 때문에 I명제가 참이면, O명제는 참 또는 거짓이다. 반대로 O명제가 참이면, I명제는 참 또는 거짓이다.

> **혜원쌤의 노하우**
>
> **I명제가 참일 때, O명제가 거짓인 경우**
> • I명제: 어떤 백조는 흰색이다. (참)   • O명제: 어떤 백조는 흰색이 아니다. (거짓)

  ⓒ 두 명제 동시에 거짓이 되는 경우 ⇨ 불가능

  ⓐ '어떤 백조는 검은색이다.(I명제)'와 '어떤 백조는 검은색이 아니다.(O명제)'로 예를 들어 보자. 두 명제는 동시에 거짓이 될 수 없다. I명제가 거짓이기 때문에, O명제는 참이 될 수밖에 없기 때문이다.

  ⓑ 두 명제가 동시에 거짓이 될 수는 없기 때문에 I명제가 거짓이면, O명제는 참이다. 반대로 O명제가 거짓이면, I명제는 참이다.

(3) 모순 관계

① 두 명제 모두 참일 수 없으며, 두 명제 모두 거짓일 수 없는 관계를 말한다.

② '모순 관계'는 'A명제와 O명제'의 관계, 'E명제와 I명제'의 관계이다. 이는 두 명제가 모두 참일 수도, 두 명제가 모두 거짓일 수도 없는 관계이다. 따라서 한 명제가 참이면, 반드시 다음 명제는 거짓이 된다. 반대로 한 명제가 거짓이면, 반드시 다음 명제는 참이 된다. 두 경우만 대표로 살펴보면 다음과 같다.

  ⊙ A명제가 참일 때 O명제가 거짓이 되는 경우: '모든 백조는 흰색이다.(A명제)'와 '어떤 백조는 흰색이 아니다.(O명제)'를 들어 보자. A명제가 참이기 때문에, O명제는 거짓이 된다.

  ⓒ I명제가 거짓일 때 E명제가 참이 되는 경우: '어떤 백조는 검은색이다.(I명제)'와 '모든 백조는 검은색이 아니다.(E명제)'로 예를 들어 보자. I명제가 거짓이기 때문에 E명제는 참이 된다.

(4) 대소 관계

① 두 명제 동시에 참이 될 수도 있으며, 동시에 거짓이 될 수 있는 관계를 말한다.

② '대소 관계'는 'A명제와 I명제'의 관계, 'E명제와 O명제'의 관계이다. 즉 '전칭[大]'과 '특칭[小]' 간의 관계를 나타내기 때문에 '대소 관계'라 부른다.

③ A명제가 참이면 I명제는 참이고, A명제가 거짓이면 I명제는 참 또는 거짓일 수 있다. 반대로 I명제가 참이면 A명제는 참 또는 거짓일 수 있고, I명제가 거짓이면 A명제는 거짓이다.

④ 마찬가지로 E명제가 참이면 O명제는 참이고, E명제가 거짓이면 O명제는 참 또는 거짓일 수 있다. 반대로 O명제가 참이면 E명제는 참 또는 거짓일 수 있고, O명제가 거짓이면 E명제는 거짓이다. 즉 다음의 네 가지 경우에만 논리적으로 불가능하다.

　㉠ A명제가 참일 때 I명제가 거짓인 경우: '모든 까마귀는 검은색이다.(A명제)'가 참일 때 '어떤 까마귀는 검은색이다.(I명제)'는 거짓일 수 없다.

　㉡ I명제가 거짓일 때 A명제가 참인 경우: '어떤 백조는 검은색이다.(I명제)'가 거짓일 때, '모든 백조는 검은색이다.(A명제)'는 참이 될 수 없다.

　㉢ E명제가 참일 때 O명제가 거짓인 경우: '모든 사과는 빨간색이 아니다.(E명제)'가 참일 때, '어떤 사과는 빨간색이 아니다.(O명제)'는 거짓이 될 수 없다.

　㉣ O명제가 거짓일 때 E명제가 참인 경우: '어떤 까마귀는 검은색이 아니다.(O명제)'가 거짓일 때, '모든 까마귀는 검은색이 아니다.(E명제)'는 참이 될 수 없다.

⑤ 위에서 설명한 내용을 표로 정리하면 다음과 같다.

	T				F			
	A	E	I	O	A	E	I	O
A	T	F	?	F	F	?	F	T
E	F	T	F	?	?	F	T	F
I	T	F	T	?	?	T	F	T
O	F	T	?	T	T	?	T	F

⇨ '?'는 참 또는 거짓을 알 수 없는 경우이다.

혜원쌤의 노하우 명제 간의 관계

구분	반대 관계	소반대 관계	대소 관계	모순 관계
두 명제가 모두 참	불가능	가능	가능	불가능
두 명제가 모두 거짓	가능	불가능	가능	불가능

'반대 관계'는 동시에 참일 수는 없지만, 동시에 거짓일 수는 있다. 그러나 '모순 관계'는 동시에 참일 수도, 동시에 거짓일 수도 없다.

핵심 이론 04 논증

1. 논증

(1) 개념

전제와 결론으로 구성된 명제의 집합이다.

(2) 구성 ⇨ 전제, 결론

① '논증'은 '전제'와 '결론'으로 구성된다. '전제'는 결론을 뒷받침하는 명제이고, '결론'은 전제로부터 추론되는 명제이다. 다음 ㉠~㉢의 문장을 살펴보자.

> ㉠ 사과는 건강에 좋다.
> ㉡ 바나나는 건강에 좋다.
> ㉢ 과일은 건강에 좋다.

'사과'와 '바나나'는 모두 '과일'이다. '㉠과 ㉡'은 '㉢'을 뒷받침한다. 즉 '㉠과 ㉡'으로부터 '㉢'을 추론할 수 있다. 따라서 '㉠과 ㉡'은 '전제', '㉢'은 '결론'이다.

② '전제'와 '결론'을 나타내는 표현들이 있는데, 각각의 대표적인 표현들은 다음과 같다.

전제	결론
왜냐하면, ~이므로(이기 때문에), ~에서 알 수 있듯이, ~라는 사실은	따라서(그래서, 그러므로), 그 결과 ~이다(그 결과 ~을 함축한다)

③ 논증은 전제와 결론의 지지 관계에 따라 '연역 논증'과 '귀납 논증'으로 구분된다.

2. 연역 논증

(1) 개념

일반적인 원리를 전제로 개별적인 경우를 추론하는 방법이다.

> ·전제: 모든 인간은 죽는다.
> ⇨ 일반적 원리
>
> ·결론: 소크라테스는 죽는다.
> ⇨ 개별 사실

(2) 특징

① 전제의 참이 결론의 참을 보장한다.

② '연역 논증'은 일반적인 원리를 전제로 하기 때문에, 전제의 참이 결론의 참을 보장한다. 즉 '전제'가 '결론'을 100% 지지한다는 의미이다. 따라서 '연역 논증'은 주로 '참·거짓(타당성, 필연성)'의 판단과 관련이 있다.

(3) 논증의 타당성과 필연성

① 타당한 논증과 부당한 논증

⊙ '타당한 논증'은 전제의 참이 결론의 참을 '필연적'으로 보장해 주는 논증이다.

⊙ '부당한 논증'은 전제의 참이 결론의 참을 '필연적'으로 보장해 준다고 주장은 하지만 실제로는 그렇지 못한 논증이며, 사례는 다음과 같다.

> 모든 고양이는 동물이다.
> 모든 새는 동물이다.
> 그러므로 모든 고양이는 새이다. (F)

② 건전한 논증과 건전하지 않은 논증

⊙ '건전한 논증'은 '타당한 논증'이면서 전제가 실제적으로 참인 논증이며, 사례는 다음과 같다.

> 모든 남성은 인간이다.
> 모든 인간은 동물이다.
> 그러므로 모든 남성은 동물이다.

⊙ '건전하지 않은 논증'은 타당성이 결여된 '부당한 논증'이거나 일면 타당한 논증이라도 적어도 하나의 전제가 실제로 거짓인 논증이며, 사례는 다음과 같다.

> 모든 새는 아가미가 있다. (F)
> 모든 아가미가 있는 동물은 물고기이다.
> 그러므로 모든 새는 물고기이다.

3. 귀납 논증

(1) 개념

구체적이고 개별적인 사실에서 일반적인 원리를 도출해 내는 추론 방법이다.

> · 전제: 소크라테스는 죽는다.
> ⇨ 개별 사실
>
> · 결론: 모든 인간은 죽는다.
> ⇨ 일반적 원리

(2) 특징

① 전제의 참이 결론의 참을 보장하지 않는다.

② '귀납 논증'은 구체적이고 개별적인 사실을 전제로 하기 때문에, 전제의 참이 결론의 참을 보장하지 않는다. 왜냐하면 참이 아닌 사실이 존재할 수 있기 때문이다. 즉 '반례'가 존재할 수 있기에 '전제'가 '결론'을 100% 지지하지 않는다는 의미이다. 따라서 '귀납 논증'은 주로 '강화·약화(개연성)'의 판단과 관련이 있다.

(3) 논증의 개연성

① '개연성'은 아마 그럴 것이라고 생각되는 성질을 의미한다. '귀납 논증'은 몇몇 사례를 근거로 결론을 도출하므로 전제가 결론을 100% 지지하지 않는다. 전제의 참이 결론의 참을 개연적으로 보장해 주는 논증을 '강한 논증'이라고 한다.

② 한편, 전제의 참이 결론의 참을 개연적으로 보장해 준다고 주장되나 실제로는 그렇지 못한 논증을 '약한 논증'이라고 하며, 사례는 다음과 같다.

> 엄마는 원피스를 좋아한다.
> 누나는 원피스를 좋아한다.
> 여동생은 원피스를 좋아한다.
> 그러므로 모든 여성은 원피스를 좋아한다.
> ⇨ 그런데 이모는 원피스를 좋아하지 않는다면, '개연성'이 떨어진다.

(4) 귀납적 비약

① 몇몇 사실들을 전제로 결론을 추론한다는 점에서 '귀납적 비약'이 발생할 수 있다. 대표적인 것이 '성급한 일반화의 오류'이다.

② '성급한 일반화의 오류'는 일반화를 보증할 정도로 충분한 증거가 모아지기 전에 일반화를 시도할 때 발생하는 논리적 오류이며, 사례는 다음과 같다.

> 우리 강아지는 배를 문질러 주면 등을 바닥에 대고 누워 버려. 그리고 정말 기분 좋은 듯한 표정을 짓지. 그런데 내 친구 강아지도 그렇더라고. 아마 모든 강아지가 그런 속성을 가지고 있는 것 같아.
>
> 2015년 국가직 9급

핵심 이론 05 삼단 논법

1. 삼단 논법

(1) 개념

세 개의 명제, 즉 두 개의 전제와 한 개의 결론으로 이루어진 논증 형식을 의미한다. 삼단 논법의 모든 명제는 '정언 명제'로 구성되는 것이 특징이며, 사례는 다음과 같다.

> 전제 1: 까치는 새이다.
> 전제 2: 새는 동물이다.
> 결   론: 그러므로 까치는 동물이다.

2. 정언 삼단 논법

(1) 개념

대전제와 소전제에서 결론을 이끌어 내는 연역 논증이다.

(2) 구성 ⇨ 대전제, 소전제, 결론

① 정언 삼단 논법은 세 개의 명제와 세 개의 개념으로 이루어진다. 세 개의 개념은 '대개념', '소개념', '매개념'이다.

대개념 (Predicate)	결론의 술어로 사용되는 개념
소개념 (Subject)	결론의 주어로 사용되는 개념
매개념 (Middle)	결론에 나오지 않고 전제에만 등장하는 개념

② '대개념', '소개념', '매개념'은 정언 삼단 논법에서 두 번씩 등장한다. 이는 '대전제', '소전제', '결론'과 관련이 있다.

대전제	대개념을 포함하는 명제
소전제	소개념을 포함하는 명제
결론	매개념을 포함하지 않는 명제

③ 두 전제와 결론의 진술 순서는 정해져 있는 것은 아니다. 또 그중 하나가 생략될 수 있다.

(3) 타당성을 얻기 위한 원칙

① 삼단 논법의 타당성을 결정하는 요소 중 하나가 '주연(周延, distribution)★'이다. 명제에서 '주어'나 '술어'의 개념이 그 대상의 전체 범위를 지칭할 때 '주연'되었다고 한다. 만약 일부 범위만 지칭한다면 '부주연'되었다고 한다. 예를 들어, '모든 인간은 동물이다.'라는 명제가 있다면 '인간'은 '주연'되고, '동물'은 '부주연'된다고 할 수 있다.

★ 주어가 '모든'일 때 '주연'된다고, 술어가 '아니다'일 때 '주연'된다고 생각하면 쉽다.

명제	주어	술어
A명제 (모든 S는 P이다.)	주연	부주연
E명제 (모든 S는 P가 아니다.)	주연	주연
I명제 (어떤 S는 P이다.)	부주연	부주연
O명제 (어떤 S는 P가 아니다.)	부주연	주연

② 정언 삼단 논법이 타당하기 위해서는 다음과 같은 원칙을 지켜야 한다.

  ㉠ 매개념은 적어도 한 번은 주연되어야 한다. ⇨ 매개념 부주연의 오류

   '매개념'은 결론에 나오지 않고 전제에만 등장하는 개념이다. 이 '매개념'은 적어도 한 번은 주연되어야 한다. 만약 매개념이 한 번도 주연되지 않는다면, 이를 '매개념 부주연의 오류'라고 한다. 다음 사례를 살펴보자.

   > 대전제: 가수는 모두 노래를 잘 부른다.
   > 소전제: 철수는 노래를 잘 부른다.
   > 결 론: 그러므로 철수는 가수이다.

   매개념은 '노래를 잘 부른다.'이다. 매개념이 대전제와 소전제에서 모두 '부주연'되었다. '매개념'이 적어도 한 번은 '주연'되어야 하는데, 그렇지 않았기 때문에 '매개념 부주연의 오류'이다.

  ㉡ 전제에서 부주연인 개념을 결론에서 주연시키면 안 된다. ⇨ 부당주연의 오류

   '전제'에서 주연되지 않은 개념은 결론에서 주연될 수 없다. 대개념을 부당하게 주연시키는 것을 '대개념 부당주연의 오류'라고 하고, 소개념을 부당하게 주연시키는 것을 '소개념 부당주연의 오류'라고 한다.

   ⓐ 대개념 부당주연의 오류

   > 대전제: 가수는 영화배우이다.
   > 소전제: 철수는 가수이다.
   > 결 론: 그러므로 철수는 영화배우가 아니다.

   '영화배우'는 대전제에서 '부주연'되었다. 그런데 결론에서 '주연'되었으므로 '대개념 부당주연의 오류'이다. 논리적으로 타당하기 위해서는 결론을 '철수는 가수이므로 영화배우이다.'가 되어야 한다.

ⓑ 소개념 부당주연의 오류

> **대전제**: 앵무새는 사람 말을 한다.
> **소전제**: 앵무새는 새이다.
> **결　론**: 그러므로 모든 새는 사람 말을 한다.

'새'는 소전제에서 '부주연'되었다. 그런데 결론에서 '주연'되었으므로 '소개념 부당주연의 오류'이다.

ⓒ 대전제와 소전제가 모두 부정일 때는 결론을 도출할 수 없다. ⇨ 양부정 전제의 오류

'대전제'와 '소전제' 둘 중 하나는 적어도 긍정 명제이어야 한다. 만약 '전제'가 모두 부정 명제이면, 결론을 도출할 수 없기 때문이다. 이처럼 두 전제가 모두 부정 명제인 것을 '양부정 전제의 오류'라고 한다. 다음 사례를 살펴보자.

> **대전제**: 나는 영화배우가 아니다.
> **소전제**: 나는 가수가 아니다.
> **결　론**: 그러므로 나는 개그맨이다.

전제에서 알 수 있는 정보는 '나'는 '영화배우'와 '가수'가 아니라는 것뿐이다. 이 정보를 가지고 '나'의 직업이 '개그맨'이라는 결론을 도출할 수 없다.

ⓓ 대전제와 소전제가 모두 긍정일 때는 결론도 긍정이어야 한다. ⇨ 부당부정의 오류

전제가 모두 '긍정'일 때는 결론도 '긍정'일 수밖에 없다. 이처럼 두 전제가 모두 '긍정'임에도 불구하고, 결론에 '부정 명제'가 오는 것을 '부당부정의 오류'라고 한다. 다음 사례를 살펴보자.

> **대전제**: 모든 개는 포유류이다.
> **소전제**: 진돗개는 개다.
> **결　론**: 그러므로 진돗개는 포유류가 아니다.

대전제와 소전제가 모두 '긍정'일 때는 결론에 '부정'이 올 수 없다.

ⓔ 두 전제 중 하나가 부정이면 결론도 부정이어야 한다. ⇨ 부당긍정의 오류

두 전제 중 하나가 '부정 명제'라면, 결론도 '부정 명제'이어야 한다. 만약 두 전제 중 하나가 부정 명제임에도 불구하고 결론에 '긍정 명제'가 오는 것을 '부당긍정의 오류'라고 한다. 다음 사례를 살펴보자.

> **대전제**: 부지런한 사람은 늦잠을 자지 않는다.
> **소전제**: 철수는 부지런하다.
> **결　론**: 그러므로 철수는 늦잠을 잔다.

전제 중 하나가 '부정 명제'이면 결론에도 '부정 명제'가 와야 한다. 대전제가 부정 명제임에도 불구하고 결론에 긍정 명제가 왔으므로 '부당긍정의 오류'를 범한 것이다.

ⓗ 두 전제 중 하나가 특칭이면 결론도 특칭이어야 한다. ⇨ 부당전칭의 오류

'대전제'와 '소전제' 중 하나가 특칭, 즉 '어떤'이 쓰인 경우라면 결론에도 '특칭'이 와야 한다. 만약 두 전제 중 하나가 특칭임에도 불구하고 결론에 '전칭'이 오는 것을 '부당전칭의 오류'라고 한다. 다음 사례를 살펴보자.

> **대전제:** 모든 육식동물은 이빨이 날카롭다.
> **소전제:** 어떤 사자는 육식동물이다.
> **결 론:** 그러므로 모든 사자는 이빨이 날카롭다.

전제 중 하나가 '특칭'이면 결론에도 '특칭'이 와야 한다. 소전제가 특칭임에도 불구하고 결론에 전칭이 왔으므로 '부당전칭의 오류'를 범한 것이다.

ⓢ 두 전제가 모두 특칭일 때는 결론을 도출할 수 없다. ⇨ 양특칭의 오류

'대전제'와 '소전제' 중 하나는 '전칭'이어야 한다. 만약 두 전제가 모두 특칭, 즉 '어떤'이 쓰인 경우라면 결론은 도출할 수 없다. 두 전제에 모두 '특칭'이 쓰인 것을 '양특칭의 오류'라고 한다. 다음 사례를 살펴보자.

> **대전제:** 어떤 사과는 맛있다.
> **소전제:** 어떤 빨간색은 사과이다.
> **결 론:** 그러므로 어떤 빨간색은 맛있다.

'대전제'와 '소전제' 모두 '특칭'이다. 특칭만으로는 결론을 도출할 수 없기 때문에 '양특칭의 오류'를 범한 것이다.

핵심 이론 05   삼단 논법

3. 가언 삼단 논법

(1) 개념

① '만약 A라면 B이다.'라는 명제가 포함되어 있는 삼단 논법이다.

② '만약 A라면 B이다.'라는 형태를 지닌 명제를 '가언 명제'라고 한다. 이처럼 전제가 '가언 명제'로만 이루어지거나, 두 명제 중 한 명제가 '가언 명제'일 때 이를 '가언 삼단 논법'이라고 한다.

③ '만약 A라면 B이다.'에서 A는 조건이고, B는 결론이다. 기호로 나타내면 'A → B'가 된다. 명제의 '대우'를 활용할 때, 'A → B'는 '~B → ~A'와 논리적으로 참·거짓을 함께한다.

(2) 유형

① 전가언적 삼단 논법

전제가 '모두' 가언 명제로만 이루어지고, 그것으로부터 결론을 이끌어낸 경우를 '전가언적 삼단 논법'이라고 하며, 사례는 다음과 같다.

> **전제 1:** 수영을 열심히 하면 밥맛이 좋다.
> **전제 2:** 밥맛이 좋으면 살이 찐다.
> **결 론:** 그러므로 수영을 열심히 하면 살이 찐다.

② 반가언적 삼단 논법(혼합 가언 논법)

㉠ 전제 중 '하나'는 가언 명제이다. 가언 명제의 '전건'을 긍정하는지, '후건'을 부정하는지에 따라 '전건 긍정식'과 '후건 부정식'이 있다. 이는 명제의 '대우'와 관련이 있다.

㉡ 하나의 전제를 가언 명제로 삼고, 또 다른 전제는 그 가언 명제의 '전건'을 '긍정'하여 그 '후건'을 결론으로 이끌어 내는 것을 '전건 긍정식'이라고 한다. 한편, 하나의 전제를 가언 명제로 삼고, 또 다른 전제는 그 가언 명제의 '후건'을 '부정'하여 그 전건의 부정을 결론으로 이끌어 내는 것을 '후건 부정식'이라고 한다.

> **· 전건 긍정식 사례**
> **전제 1:** 수영을 열심히 하면 밥맛이 좋다.
> **전제 2:** 수영을 열심히 한다.
> **결 론:** 밥맛이 좋다.
>
> **· 후건 부정식 사례**
> **전제 1:** 수영을 열심히 하면 밥맛이 좋다.
> **전제 2:** 밥맛이 좋지 않다.
> **결 론:** 그러므로 수영을 열심히 하지 않았다.

4. 선언 삼단 논법

(1) 개념

① 선택을 필요로 하는 'A거나 B'라는 명제를 대전제로 가진 삼단 논법이다.

(2) 특징

① 'A거나 B'에서 A와 B 중 적어도 하나는 '참'이라는 것을 전제한다.

② 'A거나 B'의 의미는 A와 B 중 적어도 하나에는 해당한다는 의미이다. 따라서 두 개의 선택 중 하나가 부정되면 나머지는 긍정된다. 즉 'A거나 B이다. A(B)가 아니다. 그러므로 B(A)이다.'의 형태를 띤다.

③ A와 B 중 먼저 하나를 부정함으로써, 나머지 다른 하나를 긍정하면 타당한 형식이다. 반면, A와 B 중 먼저 하나를 긍정함으로써, 나머지 하나를 부정하면 부당한 형식이다.

· 정당한 사례

대전제: 그는 노래를 부르거나 춤을 출 것이다.

소전제: 그는 춤을 추지 않았다.

결　론: 그러므로 그는 노래를 불렀다.

· 부당한 사례

대전제: 그는 노래를 부르거나 춤을 출 것이다.

소전제: 그는 노래를 불렀다.

결　론: 그러므로 그는 춤을 추지 않았다.

---

5. 양도 논법

(1) 개념

대전제 두 개가 가언 명제, 소전제는 선언 명제로 구성되어 있는 삼단 논법이다.

(2) 종류

명제 결론	정언 명제	선언 명제
긍정	① 단순 구성적 양도 논법	③ 복합 구성적 양도 논법
부정	② 단순 파괴적 양도 논법	④ 복합 파괴적 양도 논법

'양도 논법'은 결론이 '정언 명제'인지 '선언 명제'인지에 따라 '단순 양도 논법'과 '복합 양도 논법'으로 나뉜다. 또 결론이 '긍정'인지 '부정'인지에 따라 '구성적'과 '파괴적'으로 나뉜다.

① 단순 구성적 양도 논법 ⇨ 결론이 긍정이면서 정언 명제

> **대전제:** 제주도에 가면 행복하다.
> **대전제:** 남해에 가면 행복하다.
> **소전제:** 제주도나 남해에 간다.
> **결 론:** 그러므로 나는 행복하다.

② 단순 파괴적 양도 논법 ⇨ 결론이 부정이면서 정언 명제

> **대전제:** 로또에 당첨되면 아파트를 구입한다.
> **대전제:** 로또에 당첨되면 일을 그만둔다.
> **소전제:** 아파트를 구입하지 않거나 일을 그만두지 않는다.
> **결 론:** 그러므로 로또에 당첨되지 않았다.

③ 복합 구성적 양도 논법 ⇨ 결론이 긍정이면서 선언 명제

> **대전제:** 농구장에 가면 농구선수를 만난다.
> **대전제:** 축구장에 가면 축구선수를 만난다.
> **소전제:** 농구장에 가거나 축구장에 간다.
> **결 론:** 그러므로 농구선수를 만나거나 축구선수를 만난다.

④ 복합 파괴적 양도 논법 ⇨ 결론이 부정이면서 선언 명제

대전제: 키가 컸다면 모델이 되었을 것이다.
대전제: 얼굴이 잘생겼다면 영화배우가 되었을 것이다.
소전제: 모델이 되지 않았거나 영화배우가 되지 않았다.
결   론: 그러므로 키가 크지 않거나 얼굴이 잘생기지 않았다.

PART 1

추론

Day 01 유형 분석 + 핵심 이론

 **유형 분석**

제시된 명제를 토대로 올바른 결론을 도출하거나, 결론을 도출하기 위해 추가로 필요한 전제를 고르는 유형으로, 삼단 논법과 명제의 대우를 활용하여 푼다.

유형 정복 비법

1. 제시된 명제를 간결하게 정리한다.

　예 오 주무관이 회의에 참석하면, 박 주무관은 참석하지 않는다.

　　⇨ '오 주무관 ○ → 박 주무관 ×' 또는 '오 → ~박' 등으로 정리한다.

2. 문장이 길어질 때는 문장 대신 p, q, r과 같은 기호를 활용한다.

　예 갑이 제주도 출장을 가지 않으면, 병은 휴가를 내지 않는다.

　　⇨ '갑이 제주도 출장을 간다.'를 p로, '병이 휴가를 낸다.'를 q라고 한다면, '~p → ~q'로 정리할 수 있다.

세부 유형

1. 삼단 논법
2. 모든/어떤
3. 대우 활용

1. 삼단 논법

(1) 선언 삼단 논법

전제 속에 선언 명제(OR, ~이거나)를 포함하고 있는 삼단 논법을 말한다.

	명제	예
전제 1.	A 또는 B이다.	내일은 비가 오거나 눈이 온다.
전제 2.	A가 아니다.	내일은 비가 오지 않았다.
결 론	그러므로 B이다.	그러므로 눈이 온다.

(2) 가언 삼단 논법

전제와 결론이 모두 가언 명제들로 구성된 삼단 논법을 말한다.

	명제	예
전제 1.	만약 A라면 B이다.	만약 내일 비가 온다면 날이 춥다.
전제 2.	만약 B라면 C이다.	만약 날이 추우면 공기 질이 깨끗하다.
결 론	그러므로 A이면 C이다.	그러므로 내일 비가 오면 공기 질이 깨끗하다.

혜원쌤의 노하우

1. 전제 추론
① 첫 번째 명제가 p → q일 때 마지막 명제(결론)가 p → r이라면, 각 명제의 앞부분이 동일하기 때문에 뒷부분을 q → r로 이어준다.
② 만일 형태가 '①'과 같지 않다면, 대우 명제로 바꿔 본다.

2. 결론 추론
① 첫 번째 명제와 두 번째 명제가 p → q, q → r의 형태라면, 마지막 명제(결론)는 p → r이다.
② 만일 형태가 '①'과 같지 않다면, 대우 명제로 바꿔 본다.

PART 1

추론 해커스공무원 혜원국어 적중 요소의 정교한 논리

2. 모든, 어떤

(1) 유형 1. 모-모-어

전제 1	전제 2	결론
모든 A는 B이다.	모든 A는 C이다.	어떤 C는 B이다. (= 어떤 B는 C이다.)
(벤다이어그램: B 안에 A)	(벤다이어그램: C 안에 A)	(벤다이어그램: B와 C 교집합에 A)

(2) 유형 2. 어-모-어

전제 1	전제 2	결론
어떤 A는 B이다.	모든 A는 C이다.	어떤 C는 B이다. (= 어떤 B는 C이다.)
(벤다이어그램: A와 B 교집합)	(벤다이어그램: C 안에 A)	(벤다이어그램: C와 B, A)

혜원쌤의 노하우

벤다이어그램 활용
'모든/어떤'이 나오는 경우에는 벤다이어그램을 활용한다.

1. 모든-긍정

모든 A는 B이다.*
⇨ A가 B의 부분 집합이다.

2. 모든-부정

모든 A는 B가 아니다.
⇨ A와 B 사이에 교집합이 존재하지
　않는다.

3. 어떤-긍정

어떤 A는 B이다.
⇨ A와 B 사이에 교집합이 존재한다.

4. 어떤-부정

어떤 A는 B가 아니다.
⇨ √로 표시된 부분을 의미한다.

* '모든 A는 B이다.'는 두 가지 경우가 될 수 있음에 유의할 것.

3. 명제 간 관계

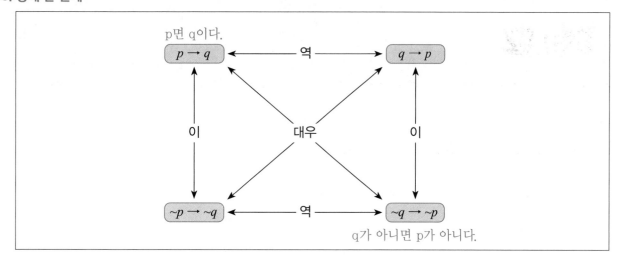

명제	p → q	p이면 q이다.
대우	~q → ~p	q가 아니면 p가 아니다.
역	q → p	q이면 p이다.
이	~p → ~q	p가 아니면 q가 아니다.

명제 'p → q'가 참(거짓)이면, 그 명제의 대우 '~q → ~p'도 항상 참(거짓)이 된다. 그러나 역과 이는 참과 거짓을 확신할 수 없다.

혜원쌤의 노하우

논리적 동치
두 명제가 항상 같은 진리값을 가져서 한 명제가 참이면 반드시 참이고, 한 명제가 거짓이면 반드시 거짓인 관계를 말한다.

대표 문제

(가)~(다)를 전제로 할 때 빈칸에 들어갈 결론으로 가장 적절한 것은?　　　　　　　2025년 국가직 9급

> (가) 인공일반지능이 만들어지거나 인공지능 산업이 쇠퇴한다.
> (나) 인공일반지능이 만들어지면, 인간의 생활이 편리해지는 동시에 많은 사람이 직장을 잃는다.
> (다) 인공지능 산업이 쇠퇴하면, 많은 사람이 직장을 잃는 동시에 세계 경제가 침체된다.
> 따라서 ［　　　　　　　　　　　］

① 세계 경제가 침체된다.

② 인간의 생활이 편리해진다.

③ 많은 사람이 직장을 잃는다.

④ 인간의 생활이 편리해지고 세계 경제가 침체된다.

정답 설명

③

'인공일반지능이 만들어지다.'를 p라고 하고, '인공지능 산업이 쇠퇴한다.'를 q라고 할 때, (가)~(다)를 정리하면 다음과 같다.

1단계	(가)	p∨q
	(나)	p → 인간 생활 편리 ∧ 많은 사람 실업
	(다)	q → 많은 사람 실업 ∧ 세계 경제 침체
2단계		(가)에서 p 또는 q라고 하였다. p를 가정하든, q를 가정하든 공통적으로 '많은 사람 실업'이 일어나는 것은 반드시 발생하게 된다.
3단계		따라서 빈칸에 들어갈 결론으로는 '많은 사람이 직장을 잃는다.'가 가장 적절하다.

혜원쌤의 노하우

'또는'과 '동시에'

• '또는(선언, ∨로 표시)'이라는 것은 둘 중 하나의 상황이 일어날 것을 말한다. 따라서 제시된 문제의 경우는 두 가지(p이거나 q)의 상황을 가정할 수 있다.

• '동시에(연언, ∧로 표시)'라는 것은 둘 다를 의미하는 경우로 둘 다의 상황이 발생한다는 의미이다.

01 빈칸에 들어갈 전제로 가장 적절한 것은?

> 전제 1. 달리기를 하면 지구력이 증가한다.
>
> 전제 2. ▭
>
> 따라서 달리기를 하면 체력이 좋아진다.

① 지구력이 증가하면, 체력이 좋아진다.

② 지구력이 줄어들면, 체력이 나빠진다.

③ 체력이 좋아지면, 지구력이 줄어든다.

④ 체력이 좋아지면, 달리기를 하지 않는다.

02 빈칸에 들어갈 전제로 가장 적절한 것은?

> 전제 1. 라면을 만드는 모든 회사는 공장이 있다.
>
> 전제 2. ▭
>
> 따라서 라면을 만드는 모든 회사는 해외로 수출을 한다.

① 라면을 만들지 않는 모든 회사는 공장이 있다.

② 공장이 있는 모든 회사는 해외로 수출을 한다.

③ 공장이 없는 모든 회사는 해외로 수출을 한다.

④ 해외로 수출을 하는 모든 회사는 라면을 만든다.

01

정답 설명

① 전제 1은 '달리기 → 지구력'이고, 결론은 '달리기 → 체력'이다.

　삼단 논법에 따라 '달리기 → 지구력'이라는 전제 1에서 '달리기 → 체력'이라는 결론을 도출하기 위해서는 '지구력 → 체력'이 들어가야 한다.

02

정답 설명

② '라면을 만든다.'를 A, '공장이 있다.'를 B, '해외로 수출을 한다.'를 C라고 하면, 전제 1은 'A → B'이고, 결론은 'A → C'이다.

　삼단 논법에 따라 'A → B'라는 전제 1에서 'A → C'라는 결론을 도출하기 위해서는 전제 2에 'B → C'가 들어가야 한다. 따라서 빈칸에 들어갈 전제는 '공장이 있는 모든 회사는 해외로 수출을 한다.'이다.

03 빈칸에 들어갈 전제로 가장 적절한 것은?

> 전제 1. 골프를 좋아하면 복싱을 싫어한다.
> 전제 2. [   ]
> 결론. 골프를 좋아하면 야구를 좋아한다.

① 야구를 좋아하면, 골프를 싫어한다.

② 야구를 싫어하면, 복싱을 좋아한다.

③ 복싱을 좋아하면, 야구를 좋아한다.

④ 복싱을 싫어하면, 야구를 싫어한다.

03

정답 설명

② 전제 1은 '골프 → ~복싱'이고, 결론은 '골프 → 야구'이다.

삼단 논법에 따라 '골프 → ~복싱'이라는 전제 1에서 '골프 → 야구'라는 결론을 도출하기 위해서는 '~복싱 → 야구'가 들어가야 한다.

그런데 선지에 '복싱을 싫어하면 야구를 좋아한다.'가 없다. 대신 '~복싱 → 야구'의 대우인 '~야구 → 복싱'이 선지 ②에 제시되어 있다. 따라서 빈칸에 들어갈 전제는 '야구를 싫어하면, 복싱을 좋아한다.'이다.

04 빈칸에 들어갈 전제로 가장 적절한 것은?

> (가) ┌─────────────────────────────┐
>
> (나) 이 세상에 거짓말을 하지 않는 사람은 없다.
>
> 그러므로 이 세상에 착한 사람은 없다.

① 나쁜 사람은 거짓말을 한다.

② 어떤 착한 사람은 거짓말을 한다.

③ 착한 사람은 거짓말을 하지 않는다.

④ 어떤 나쁜 사람은 거짓말을 하지 않는다.

추론 해커스공무원 해원국어 적중 요산의 정교한 논리

04

정답 설명

③ (나)와 결론을 기호로 나타내면 다음과 같다.

(가)	
(나)	~거짓말 → 없다
결론	착한 사람 → 없다

결론이 '없다'로 동일한 것을 볼 때, 삼단 논법에 따른 것임을 알 수 있다.

(가)		만약 A라면 B이다.
(나)	**~거짓말 → 없다**	만약 B라면 C이다.
결론	**착한 사람 → 없다**	그러므로 A이면 C이다.

따라서 (가)에는 A와 B에 해당하는 '착한 사람 → ~거짓말'이 들어가야 한다.

Day 02 삼단 논법 **41**

05 빈칸에 들어갈 전제로 가장 적절한 것은?

> (가) 병원에 가지 않았다면 사고가 나지 않은 것이다.
> (나) _____
> 그러므로 무단횡단을 하면 병원에 간다.

① 병원에 가면 무단횡단을 한 것이다.

② 병원에 가면 사고가 나지 않은 것이다.

③ 사고가 나면 무단횡단을 하지 않은 것이다.

④ 사고가 나지 않으면 무단횡단을 하지 않은 것이다.

05

정답 설명

④ (가)와 결론을 기호로 나타내면 다음과 같다.

(가)	~병원 → ~사고
(나)	
결론	무단횡단 → 병원

(가)는 '~병원'이고, 결론이 '병원'이기 때문에 (가)를 대우 '사고 → 병원'으로 수정하면 다음과 같다.

(가)	사고 → 병원
(나)	
결론	무단횡단 → 병원

후건이 '병원'으로 동일한 것을 볼 때, 삼단 논법에 따른 것임을 알 수 있다.

(나)		만약 A라면 B이다.
(가)	**사고** → 병원	만약 B라면 C이다.
결론	**무단횡단** → 병원	그러므로 A이면 C이다.

따라서 (나)에는 A와 B에 해당하는 '무단횡단 → 사고' 또는 이에 대한 대우인 '~사고 → ~무단횡단'이 들어가야 한다.

06 빈칸에 들어갈 전제로 가장 적절한 것은?

> (가) A는 제주도를 가면 한라산에 간다.
> (나) [   ]
> 그러므로 A는 제주도에 가면 마라도에 가서 자장면을 먹는다.

① A는 제주도에 가지 않으면 한라산에 가지 않는다.

② A는 한라산에 가지 않으면 마라도에 가서 짬뽕을 먹는다.

③ A는 한라산에 가지 않으면 마라도에 가서 자장면을 먹는다.

④ A는 마라도에 가서 자장면을 먹지 않으면 한라산에 가지 않는다.

06

정답 설명

④ (가)와 결론을 기호로 나타내면 다음과 같다.

(가)	제주도 → 한라산
(나)	
결론	제주도 → 마라도∧자장면

삼단 논법에 따라 '제주도 → 마라도∧자장면'이라는 결론을 얻기 위해서는 '한라산 → 마라도∧자장면' 또는 그 대우인 '∼(마라도∧자장면) → ∼한라산', 즉 '∼마라도∨∼자장면 → ∼한라산'이라는 명제가 필요하다.

(가)	제주도 → **한라산**	만약 A라면 B이다.
(나)		만약 B라면 C이다.
결론	제주도 → **마라도∧자장면**	그러므로 A이면 C이다.

따라서 (나)에는 'A는 마라도에 가서 자장면을 먹지 않으면 한라산에 가지 않는다.'가 들어가야 한다.

Day 03 모든/어떤

대표 문제

(가)와 (나)를 전제로 결론을 이끌어 낼 때, 빈칸에 들어갈 말로 가장 적절한 것은? 9급 출제기조 전환 예시 2차

> (가) 축구를 잘하는 사람은 모두 머리가 좋다.
> (나) 축구를 잘하는 어떤 사람은 키가 작다.
> 따라서 [   ]

① 키가 작은 어떤 사람은 머리가 좋다.

② 키가 작은 사람은 모두 머리가 좋다.

③ 머리가 좋은 사람은 모두 축구를 잘한다.

④ 머리가 좋은 어떤 사람은 키가 작지 않다.

정답 설명

① 전제의 A 자리에 '축구를 잘한다.'가 공통적으로 온다. 이를 볼 때, 이는 '어-모-어' 유형이다. 따라서 결론 자리에 들어갈 말은 '키가 작은 어떤 사람은 머리가 좋다.'이다.

혜원쌤의 노하우

모든/어떤

	전제 1	전제 2	결론
유형 1.	모든 A는 B이다.	모든 A는 C이다.	어떤 C는 B이다. (= 어떤 B는 C이다.)
유형 2.	어떤 A는 B이다.	모든 A는 C이다.	어떤 C는 B이다. (= 어떤 B는 C이다.)

※ '어떤 A는 B이다.'와 '어떤 B는 A이다.'의 벤다이어그램*은 동일하다. 즉 '어떤'이 들어간 명제에서 개념의 순서가 바뀌어도 상관없다.

* • 어떤 A는 B이다.

• 어떤 B는 A이다.

01 빈칸에 들어갈 전제로 가장 적절한 것은?

> (가) 배달을 좋아하는 모든 사람은 배달 애플리케이션을 이용한다.
> (나) _____
> 따라서 배달 애플리케이션을 이용하는 어떤 사람은 포장을 좋아한다.

① 배달을 좋아하는 어떤 사람은 포장을 좋아한다.

② 배달을 좋아하는 모든 사람은 포장을 좋아하지 않는다.

③ 포장을 좋아하는 어떤 사람은 배달을 좋아하지 않는다.

④ 포장을 좋아하지 않는 어떤 사람은 배달을 좋아하지 않는다.

01

정답 설명

① '배달을 좋아하다.'를 A, '배달 애플리케이션'을 B, '포장을 좋아한다.'를 C라고 하면, (가)는 '모든 A는 B이다.'이고, 결론은 '어떤 B는 C이다.'이다. 따라서 (나)에는 '모든 A는 C이다.' 또는 '어떤 A는 C이다.'가 들어가야 한다.

	전제 1	전제 2	결론
유형 1.	모든 A는 B이다.	모든 A는 C이다.	어떤 C는 B이다. (= 어떤 B는 C이다.)
유형 2.	어떤 A는 B이다.	모든 A는 C이다.	어떤 C는 B이다. (= 어떤 B는 C이다.)

따라서 (나)에는 '배달을 좋아하는 어떤 사람은 포장을 좋아한다.'가 들어가야 한다.

02 **(가)와 (나)를 전제로 결론을 이끌어 낼 때, 빈칸에 들어갈 말로 가장 적절한 것은?**

> (가) 영어 수업을 듣는 모든 학생들은 국어 수업을 듣는다.
> (나) 영어 수업을 듣는 모든 학생들은 체육 수업을 듣는다.
> 따라서 ☐☐☐☐☐☐☐☐☐☐☐☐☐☐

① 국어 수업을 듣는 어떤 학생은 체육 수업을 듣는다.

② 국어 수업을 듣는 모든 학생은 영어 수업을 듣는다.

③ 체육 수업을 듣는 어떤 학생은 영어 수업을 듣지 않는다.

④ 영어 수업과 국어 수업, 체육 수업을 모두 듣는 학생은 없다.

02

정답 설명

① '영어 수업을 듣다.'를 A, '국어 수업을 듣다.'를 B, '체육 수업을 듣다.'를 C라고 하면, (가)는 '모든 A는 B이다.'이고, (나)는 '모든 A는 C이다.'이다. 이는 '유형 1', 즉 '모–모–어' 유형에 속한다.

	전제 1	전제 2	결론
유형 1.	모든 A는 B이다.	모든 A는 C이다.	어떤 C는 B이다. (= 어떤 B는 C이다.)
유형 2.	어떤 A는 B이다.	모든 A는 C이다.	어떤 C는 B이다. (= 어떤 B는 C이다.)

따라서 결론에는 '어떤 B는 C이다.' 또는 '어떤 C는 B이다.'가 들어가야 하므로, '국어 수업을 듣는 어떤 학생은 체육 수업을 듣는다.'가 들어가야 한다.

03 빈칸에 들어갈 전제로 가장 적절한 것은?

> (가) 음악을 전공하는 모든 사람은 집에 피아노가 있다.
> (나) _____
> 따라서 집에 피아노가 있는 어떤 사람은 피아노를 연주할 수 있다.

① 음악을 전공하는 어떤 사람은 피아노를 연주할 수 있다.

② 음악을 전공하는 모든 사람은 피아노를 연주할 수 없다.

③ 피아노를 연주할 수 있는 어떤 사람은 음악을 전공하지 않는다.

④ 피아노를 연주할 수 없는 어떤 사람은 음악을 전공하지 않는다.

PART 1

추론

해커스공무원 해원국어 적중 요신의 정교한 논리

03

정답 설명

① '음악을 전공하다.'를 A, '집에 피아노가 있다.'를 B, '피아노를 연주할 수 있다.'를 C라고 하면, (가)는 '모든 A는 B이다.'이고, 결론은 '어떤 B는 C이다.'이다.
따라서 (나)에는 '모든 A는 C이다.' 또는 '어떤 A는 C이다.'가 들어가야 한다.

	전제 1	전제 2	결론
유형 1.	모든 A는 B이다.	모든 A는 C이다.	어떤 C는 B이다. (= 어떤 B는 C이다.)
유형 2.	어떤 A는 B이다.	모든 A는 C이다.	어떤 C는 B이다. (= 어떤 B는 C이다.)

따라서 (나)에는 '음악을 전공하는 어떤 사람은 피아노를 연주할 수 있다.'가 들어가야 한다.

04 (가)와 (나)를 전제로 결론을 이끌어 낼 때, 빈칸에 들어갈 말로 가장 적절한 것은?

> (가) 말재주가 좋은 사람은 모두 말이 많다.
> (나) 말재주가 좋은 어떤 사람은 입이 크다.
> 따라서 _____

① 입이 큰 사람은 모두 말이 많다.

② 입이 큰 어떤 사람은 말이 많다.

③ 말이 많은 사람은 모두 말재주가 좋다.

④ 말이 많은 어떤 사람은 입이 크지 않다.

04

정답 설명

② '말재주가 좋다'를 A, '말이 많다'를 B, '입이 크다'를 C라고 하면, (가)는 '모든 A → B'이고, (나)는 '어떤 A → C'가 된다. 따라서 이는 유형 2, 즉 '어–모–어' 유형이다.

	전제 1	전제 2	결론
유형 1.	모든 A는 B이다.	모든 A는 C이다.	어떤 C는 B이다. (= 어떤 B는 C이다.)
유형 2.	어떤 A는 B이다.	모든 A는 C이다.	어떤 C는 B이다. (= 어떤 B는 C이다.)

따라서 결론 자리에 들어갈 말은 '어떤 B는 C이다.' 또는 '어떤 C는 B이다.'여야 한다. 그러므로 빈칸에는 '입이 큰 어떤 사람은 말이 많다.'가 들어가야 한다.

05 다음 진술이 모두 참일 때 반드시 참인 것은?

> ○ 모든 학생들은 독일어를 할 수 있다.
> ○ 프랑스어를 못하는 학생들은 독일어를 못한다.
> ○ 프랑스어를 하는 어떤 학생들은 영어를 할 수 있다.

① 모든 학생들은 영어를 할 수 있다.

② 어떤 학생들은 독일어만 할 수 있다.

③ 모든 학생들은 독일어, 프랑스어, 영어를 할 수 있다.

④ 어떤 학생들은 독일어, 프랑스어, 영어를 할 수 있다.

05

정답 설명

④	1단계	두 번째 명제는 '~프랑스어 → ~독일어'로 나타낼 수 있는데, 이를 대우로 나타내면, '독일어 → 프랑스어'이다. 첫 번째 명제가 '모든 학생들 → 독일어'이므로, 두 명제를 연결하면 '모든 학생들 → 독일어 → 프랑스어'임을 알 수 있다.
	2단계	세 번째 명제에서 프랑스어를 하는 '어떤' 학생들이 영어를 할 수 있다고 했다. 프랑스어를 하는 모든 학생은 독일어를 할 수 있기 때문에, '어떤 학생들은 독일어, 프랑스어, 영어를 할 수 있다.'는 항상 참이 된다.

혜원쌤의 노하우

벤다이어그램 풀이
- 전제 1 + 전제 2

- 전제 3
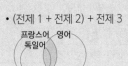
- (전제 1 + 전제 2) + 전제 3

대표 문제

다음 진술이 모두 참일 때 반드시 참인 것은? 9급 출제기조 전환 예시 1차

> ○ 오 주무관이 회의에 참석하면, 박 주무관도 참석한다.
> ○ 박 주무관이 회의에 참석하면, 홍 주무관도 참석한다.
> ○ 홍 주무관이 회의에 참석하지 않으면, 공 주무관도 참석하지 않는다.

① 공 주무관이 회의에 참석하면, 박 주무관도 참석한다.

② 오 주무관이 회의에 참석하면, 홍 주무관은 참석하지 않는다.

③ 박 주무관이 회의에 참석하지 않으면, 공 주무관은 참석한다.

④ 홍 주무관이 회의에 참석하지 않으면, 오 주무관도 참석하지 않는다.

정답 설명

④ 기호화를 통해 '~홍 ○ → ~박 ○ → ~오 ○'의 결론을 이끌어낼 수 있다. 즉 ㄴ의 대우, ㄱ의 대우를 연결하면 ④의 진술이 참임을 알 수 있다.

	명제	대우
ㄱ	오 ○ → 박 ○	~박 ○ → ~오 ○
ㄴ	박 ○ → 홍 ○	~홍 ○ → ~박 ○
ㄷ	~홍 ○ → ~공 ○	공 ○ → 홍 ○

혜원쌤의 노하우

발문에 따라 정답 추론하는 방법

1. 발문이 '항상 참인 것은?'일 때

정답인 선지	선지의 내용을 부정하여 그것이 불가능한 것	
오답인 선지	① 반드시 거짓인 것	② 참일 수도 있고 거짓일 수도 있는 것
	⇨ 선지를 부정하여 그것이 가능하면 그 선지는 정답이 될 수 없다.	

2. 발문이 '항상 틀린 것은?'일 때

정답인 선지	선지의 내용이 불가능한 것	
오답인 선지	① 반드시 참인 것	② 참일 수도 있고 거짓일 수도 있는 것
	⇨ 선지의 내용이 가능하면 그것은 정답이 될 수 없다.	

3. 발문이 '참일 수 있는 것은?'일 때

정답인 선지	① 반드시 참인 것	② 참일 수도 있고 거짓일 수도 있는 것
오답인 선지	반드시 거짓인 선지	

01 다음 진술이 모두 참일 때 반드시 참인 것은?

> ○ 파인애플을 좋아하는 사람은 딸기를 좋아한다.
> ○ 사과를 좋아하는 사람은 딸기를 좋아하지 않는다.
> ○ 사과를 좋아하지 않는 사람은 복숭아를 좋아한다.

① 파인애플을 좋아하는 사람은 사과를 좋아한다.

② 파인애플을 좋아하는 사람은 복숭아를 좋아한다.

③ 사과를 좋아하는 사람은 복숭아를 좋아하지 않는다.

④ 복숭아를 좋아하는 사람은 파인애플을 좋아하지 않는다.

01

정답 설명

② 제시된 진술과 그 대우를 기호로 나타내면 다음과 같다.

	명제	대우
진술 1	파인애플 → 딸기	∼딸기 → ∼파인애플
진술 2	사과 → ∼딸기	딸기 → ∼사과
진술 3	∼사과 → 복숭아	∼복숭아 → 사과

진술 1 '파인애플 → 딸기'와 진술 2의 대우 '딸기 → ∼사과', 진술 3 '∼사과 → 복숭아'를 연결하면, '**파인애플** → 딸기 → ∼사과 → **복숭아**'가 된다. 따라서 '파인애플을 좋아하는 사람은 복숭아를 좋아한다.'는 항상 참이다.

오답 정리

① '**파인애플** → 딸기 → **∼사과**'의 관계를 볼 때, 파인애플을 좋아하는 사람은 사과를 좋아하지 않을 것이다.

③ 세 번째 진술에서 '∼사과 → 복숭아'라고 하였기 때문에, 그 대우인 '∼복숭아 → 사과'만 참이다. 그런데 '사과를 좋아하는 사람은 복숭아를 좋아하지 않는다.'를 기호화하면, '사과 → ∼복숭아'로 '이'에 해당하는 진술이다. '이'에 해당하는 진술은 그 진술의 참과 거짓을 확신할 수 없다.

④ '**∼복숭아** → 사과 → ∼딸기 → **∼파인애플**'의 관계를 볼 때, 복숭아를 '좋아하지 않는 사람'이 파인애플을 좋아하지 않을 것이다.

02 다음 진술이 모두 참일 때 반드시 참인 것은?

> ○ 피카츄 인형을 사면 라이츄 인형을 산다.
> ○ 파이리 인형을 사면 꼬부기 인형을 사지 않는다.
> ○ 버터풀 인형을 사면 야도란 인형도 산다.
> ○ 야도란 인형을 사면 피카츄 인형과 파이리 인형 중 하나를 산다.
> ○ 꼬부기 인형을 사지 않으면 라이츄 인형을 산다.

① 피카츄 인형을 사면 파이리 인형을 산다.

② 파이리 인형을 사면 라이츄 인형도 같이 산다.

③ 버터풀 인형을 사면 피카츄 인형과 파이리 인형 모두 산다.

④ 야도란 인형을 사지 않으면 피카츄 인형과 파이리 인형 모두 사지 않는다.

02

정답 설명

② 제시된 진술과 그 대우를 기호로 나타내면 다음과 같다.

	명제	대우
진술 1	피카츄 → 라이츄	～라이츄 → ～피카츄
진술 2	파이리 → ～꼬부기	꼬부기 → ～파이리
진술 3	버터풀 → 야도란	～야도란 → ～버터풀
진술 4	야도란 → 피카츄∨파이리	～(피카츄∨파이리) → ～야도란
진술 5	～꼬부기 → 라이츄	～라이츄 → 꼬부기

진술 2 '파이리 → ～꼬부기'와 진술 5 '～꼬부기 → 라이츄'를 연결하면, **'파이리 → ～꼬부기 → 라이츄**'가 된다. 따라서 '파이리 인형을 사면 라이츄 인형도 같이 산다.'는 항상 참이다.

오답 정리

① '피카츄 인형'과 '파이리 인형' 간의 관계는 확인할 수 없다. 따라서 '피카츄 인형을 사면 파이리 인형을 산다.'는 제시된 명제들로는 추론할 수 없는 내용이다.

③ 진술 3 '버터풀 → 야도란'과 진술 4 '야도란 → 피카츄∨파이리'를 연결하면, **'버터풀 → 야도란 → 피카츄∨파이리**'이다. 따라서 버터풀 인형을 사면, 두 인형을 모두 사는 것이 아니라 두 인형 중 하나만을 산다고 해야 옳은 추론이다.

④ '야도란 인형을 사지 않으면 피카츄 인형과 파이리 인형 모두 사지 않는다.'를 기호로 나타내면 '～야도란 → ～피카츄∧～파이리'이다. 이는 진술 4 '야도란 → 피카츄∨파이리'의 '이'에 해당하는 내용이다. '이'에 해당하는 진술은 그 진술의 참과 거짓을 확신할 수 없다.

03 다음 명제들로 추론한 내용으로 적절하지 않은 것은?

> ○ 정리정돈을 잘하는 사람은 집중력이 좋다.
> ○ 주변이 조용할수록 집중력이 좋다.
> ○ 깔끔한 사람은 정리정돈을 잘한다.
> ○ 집중력이 좋으면 성과 효율이 높다.

① 깔끔한 사람은 집중력이 좋다.

② 깔끔한 사람은 주변이 조용하다.

③ 주변이 조용할수록 성과 효율이 높다.

④ 성과 효율이 높지 않은 사람은 주변이 조용하지 않다.

03

정답 설명

② '정리정돈을 잘한다.'를 A, '집중력이 좋다.'를 B, '주변이 조용하다.'를 C, '깔끔하다.'를 D, '성과 효율이 높다.'를 E라고 할 때, 제시된 진술과 그 대우를 기호로 나타내면 다음과 같다.

	명제	대우
진술 1	A → B	~B → ~A
진술 2	C → B	~B → ~C
진술 3	D → A	~A → ~D
진술 4	B → E	~E → ~B

'깔끔한 사람은 주변이 조용하다.'를 기호로 나타내면 'D → C'이다. '깔끔한 사람(D)'에 관해서는 'D → A → B → E'의 관계밖에 확인할 수 없다. 따라서 'D → C', 즉 '깔끔한 사람은 주변이 조용하다.'는 제시된 명제들로는 추론할 수 없는 내용이다.

오답 정리

① '깔끔한 사람은 집중력이 좋다.'를 기호로 나타내면 'D → B'이다. '깔끔한 사람(D)'에 관해서 'D → A → B'의 관계를 확인할 수 있기 때문에, 적절한 추론이다.

③ '주변이 조용할수록 성과 효율이 높다.'를 기호로 나타내면 'C → E'이다. '주변이 조용하다(C)'에 관해서 'C → B → E'의 관계를 확인할 수 있기 때문에, 적절한 추론이다.

④ '성과 효율이 높지 않은 사람은 주변이 조용하지 않다.'를 기호로 나타내면 '~E → ~C'이다. '성과 효율이 높지 않은 사람(~E)'에 관해서 '~E → ~B → ~C'의 관계를 확인할 수 있기 때문에, 적절한 추론이다.

04 (가)와 (나)를 전제로 할 때 빈칸에 들어갈 결론으로 가장 적절한 것은?

(가) 드라마를 좋아하면 빙수를 좋아한다.

(나) 떡볶이를 즐겨 먹지 않으면 빙수를 좋아하지 않는다.

그러므로 [   ]

---

① 빙수를 좋아하면 드라마를 좋아한다.

② 떡볶이를 즐겨 먹으면 빙수를 좋아한다.

③ 드라마를 좋아하면 떡볶이를 즐겨 먹는다.

④ 드라마를 좋아하면 떡볶이를 즐겨 먹지 않는다.

04

정답 설명

③ (가)와 (나), 그리고 그 대우를 기호로 나타내면 다음과 같다.

	명제	대우
(가)	드라마 → 빙수	~빙수 → ~드라마
(나)	~떡볶이 → ~빙수	빙수 → 떡볶이

(가) '드라마 → 빙수'와 (나)의 대우 '빙수 → 떡볶이'를 연결하면 **드라마** → 빙수 → **떡볶이**'의 관계를 확인할 수 있다. 따라서 결론에 '드라마를 좋아하면 떡볶이를 즐겨 먹는다.'가 들어가는 것이 적절하다.

오답 정리

① '빙수를 좋아하면 드라마를 좋아한다.'를 기호로 나타내면 '빙수 → 드라마'이다. 이는 (가) '드라마 → 빙수'의 '역'에 해당한다. 명제의 '역'에 대한 참과 거짓은 알 수 없다.

② '떡볶이를 즐겨 먹으면 빙수를 좋아한다.'를 기호로 나타내면 '떡볶이 → 빙수'이다. 이는 (나)의 '이'에 해당한다. 명제의 '이'에 대한 참과 거짓은 알 수 없다.

④ (가) '드라마 → 빙수'와 (나)의 대우 '빙수 → 떡볶이'를 연결하면 '드라마 → 빙수 → 떡볶이'의 관계를 확인할 수 있다. 따라서 드라마를 좋아하면, 떡볶이를 '즐겨 먹는다.'고 해야 옳은 진술이다.

05 **(가)와 (나)를 전제로 할 때 빈칸에 들어갈 결론으로 가장 적절한 것은?**

> (가) 입맛이 까다로운 사람은 유명한 음식점을 많이 안다.
> (나) 입이 짧은 사람은 유명한 음식점을 많이 모른다.
> 그러므로 [   ]

① 입이 짧은 사람은 입맛이 까다롭지 않다.

② 입맛이 까다롭지 않은 사람은 입이 짧다.

③ 입맛이 까다롭지 않은 사람은 입이 짧을 확률이 낮다.

④ 유명한 음식점을 많이 모르는 사람은 입맛이 까다롭다.

05

정답 설명

① '입맛이 까다롭다.'를 A, '유명한 음식점을 많이 안다.'를 B, '입이 짧다'를 C라고 할 때, (가)와 (나), 그리고 그 대우를 기호로 나타내면 다음과 같다.

	명제	대우
(가)	A → B	~B → ~A
(나)	C → ~B	B → ~C

(나)의 'C → ~B'와 (가)의 대우 '~B → ~A'를 연결하면 'C → ~B → ~A'의 관계를 확인할 수 있다. 따라서 결론에 'C → ~A', 즉 '입이 짧은 사람은 입맛이 까다롭지 않다.'가 들어가는 것이 적절하다.

오답 정리

②, ③ '입맛이 까다롭지 않은 사람은 입이 짧다.'를 기호로 나타내면 '~A → C'이다. (가)와 (나)의 대우를 연결하면 'A → B → ~C'로, 'A → ~C'의 관계를 확인할 수 있다. '~A → C'는 이에 대한 '이'에 해당한다. '이'에 대한 참과 거짓은 알 수 없다.

④ '유명한 음식점을 많이 모르는 사람은 입맛이 까다롭다.'를 기호로 나타내면 '~B → A'이다. (가)의 대우가 '~B → ~A'이므로, '~B → A'는 참이 될 수 없다.

06 다음 진술이 모두 참일 때 반드시 참인 것은?

> ○ 1반 학생들은 국어 성적이 좋다.
> ○ 1반이 아닌 학생들은 영어 성적이 안 좋다.
> ○ 국어 성적이 안 좋은 학생들은 수학 성적이 안 좋다.

① 1반 학생들은 영어 성적이 좋다.

② 수학 성적이 좋은 학생들은 1반 학생들이다.

③ 영어 성적이 좋은 학생들은 국어 성적이 좋다.

④ 영어 성적이 좋지 않으면 수학 성적도 좋지 않다.

06

정답 설명

③ 제시된 진술과 그 대우를 기호로 나타내면 다음과 같다.

	명제	대우
진술 1	1반 → 국어	~국어 → ~1반
진술 2	~1반 → ~영어	영어 → 1반
진술 3	~국어 → ~수학	수학 → 국어

진술 2의 대우 '영어 → 1반'과 진술 1 '1반 → 국어'를 연결하면, **'영어 → 1반 → 국어'** 관계를 확인할 수 있다. 따라서 '영어 성적이 좋은 학생들은 국어 성적이 좋다.'는 항상 참이다.

오답 정리

① '1반 학생들은 영어 성적이 좋다.'를 기호로 나타내면 '1반 → 영어'이다. 진술 2의 대우는 '영어 → 1반'이므로, '1반 → 영어'는 '영어 → 1반'의 '역'이다. '역'은 참, 거짓을 보장하지 않기 때문에 반드시 참이 될 수 없다.

② 제시된 정보만으로는 '수학 성적이 좋은 학생들'과 '1반 학생들' 사이의 관계를 확인할 수 없다.

④ 제시된 정보만으로는 '영어 성적'과 '수학 성적' 사이의 관계를 확인할 수 없다.

07 다음 진술들로 추론한 내용으로 적절하지 않은 것은?

> ○ 많이 먹으면 살이 찐다.
> ○ 살이 찐 사람은 체내에 수분이 많다.
> ○ 체내에 수분이 많으면 술에 잘 취하지 않는다.
> ○ A는 정상 몸무게인 B보다 살이 쪘다.

① A는 B보다 많이 먹는다.

② A는 B보다 술에 잘 취하지 않는다.

③ 체내에 수분이 많은 사람은 B보다 A이다.

④ 체내에 수분이 많지 않으면 살이 찌지 않는다.

07

정답 설명

① '많이 먹다.'를 P, '살이 찌다'를 Q, '체내에 수분이 많다.'를 R, '술에 잘 취한다.'를 S라고 할 때, 제시된 진술과 그 대우를 기호로 나타내면 다음과 같다.

	명제	대우
진술 1	P → Q	~Q → ~P
진술 2	Q → R	~R → ~Q
진술 3	R → ~S	S → ~R
진술 4	A > B	–

진술 1 'P → Q', 진술 2 'Q → R', 진술 3 'R → ~S'를 통해 'P → Q → R → ~S'의 관계를 확인할 수 있다. 그리고 진술 4를 통해 'A > B'임을 알 수 있다. 제시된 정보만으로는 A가 B보다 살이 쪘다는 것은 알 수 있지만, A가 B보다 많이 먹는지의 여부는 알 수 없다.

오답 정리

② 진술 2와 진술 3을 통해 'Q → R → ~S' 관계, 즉 '살이 찐 사람은 술에 잘 취하지 않는다'를 확인할 수 있다. 진술 4에서 'A > B'라고 하였기 때문에, A는 B보다 술에 잘 취하지 않음을 추론할 수 있다.

③ 진술 2에서 'Q → R', 즉 '살이 찐 사람은 체내에 수분이 많다.'라고 하였다. 진술 4에서 'A > B'라고 하였기 때문에, 체내에 수분이 많은 사람은 B보다 A임을 추론할 수 있다.

④ 진술 2의 대우 '~R → ~Q', 즉 '체내에 수분이 많지 않으면, 살이 찌지 않는다.'를 통해 추론할 수 있다.

08 다음 진술이 모두 참일 때 반드시 참인 것은?

> ○ 독서를 좋아하는 사람은 쇼핑을 싫어한다.
> ○ 가족 여행을 좋아하는 사람은 독서를 좋아한다.
> ○ 쇼핑을 좋아하는 사람은 그림 그리기를 좋아한다.
> ○ 테니스를 좋아하는 사람은 가족 여행을 싫어한다.
> ○ 그림 그리기를 좋아하는 사람은 테니스를 좋아한다.

① 테니스를 좋아하는 사람은 독서를 좋아한다.

② 쇼핑을 좋아하는 사람은 가족 여행을 싫어한다.

③ 쇼핑을 싫어하는 사람은 그림 그리기를 좋아한다.

④ 그림 그리기를 좋아하는 사람은 가족 여행을 좋아한다.

08

정답 설명

② 제시된 진술과 그 대우를 기호로 나타내면 다음과 같다.

	명제	대우
진술 1	독서 → ~쇼핑	쇼핑 → ~독서
진술 2	가족 여행 → 독서	~독서 → ~가족 여행
진술 3	쇼핑 → 그림	~그림 → ~쇼핑
진술 4	테니스 → ~가족 여행	가족 여행 → ~테니스
진술 5	그림 → 테니스	~테니스 → ~그림

진술 3 '쇼핑 → 그림', 진술 5 '그림 → 테니스', 진술 4 '테니스 → ~가족 여행'을 연결하면, '**쇼핑** → 그림 → 테니스 → **~가족 여행**'의 관계를 확인할 수 있다. 따라서 '쇼핑을 좋아하는 사람은 가족 여행을 싫어한다.'는 반드시 참이다.

오답 정리

① 진술 4 '테니스 → ~가족 여행', 진술 2 '가족 여행 → 독서'를 볼 때, '테니스'를 좋아하는 사람은 '독서'를 좋아할 수 없다.

③ 진술 3 '쇼핑 → 그림'을 볼 때, '쇼핑을 싫어하는 사람은 그림 그리기를 좋아한다.'는 참이 될 수 없다.

④ 진술 5 '그림 → 테니스'와 진술 4 '테니스 → ~가족 여행'을 연결하면, '**그림** → 테니스 → **~가족 여행**'이다. 따라서 '그림 그리기를 좋아하는 사람은 가족 여행을 좋아한다.'는 참이 될 수 없다.

PART 2

논리퀴즈

Day 05 유형 분석 + 핵심 이론

1회독	
2회독	
3회독	

 **유형 분석**

제시된 조건(정보)을 토대로 올바른 결론을 도출하거나, 내용의 옳고 그름을 판단하는 유형이다. 체감 난도가 가장 높은 유형으로, 평소 충분한 연습이 되어 있지 않으면 풀기 어렵다. 따라서 최대한 다양한 유형을 접해 보고 패턴을 익히는 것이 좋다.

유형 정복 비법

1. 고정 조건을 찾아 기준으로 삼는다.

어떤 경우에도 변하지 않는 정보나 조건을 '고정 조건'이라고 한다. 제시된 정보들 중에서 고정 조건을 찾고, 그것을 순서나 위치를 잡는 '기준'으로 삼는다. 기준을 정해 놓으면, 경우의 수는 훨씬 줄어든다.

혜원쌤의 노하우

고정 조건과 변동 조건			
고정 조건	• A는 B이다. • A는 B가 아니다.	변동 조건	A는 B이거나 C이다.

2. 조건을 간결하게 정리한다.

시간을 단축하기 위해서는 풀이 과정에서 단어나 문장 전체를 적을 필요가 없다. 또한 기준에 따라 유형이 나뉘는 경우라면, 표를 활용하는 것도 하나의 방법이다.

예 '1층, 2층, 3층'을 '1, 2, 3'으로 표시, '갑이 을보다 키가 크다.'를 '갑 > 을'로 표시

혜원쌤의 노하우

조건을 간결하게 정리하되, 빠진 조건이 없는지 확인하면서 문제를 풀어야 한다.

3. 논리적 동치를 활용한다.

명제의 대우를 활용하는 등, 논리적 동치를 활용하면 숨겨진 정보를 파악하기에 용이하다.

4. 모순된 진술을 찾는다.

진실 게임의 유형이라면 각 진술 사이의 모순을 찾아 성립하지 않는 경우의 수를 제거하거나, 경우의 수를 나누어 모든 조건이 들어맞는지를 확인한다.

세부 유형

1. 관계 파악
2. 진실 게임

1. 문장의 논리적 동치

(1) 'A → B'가 참이면, 대우인 '~B → ~A'도 참이다.

① if, then 구문

A → B	만일 내가 시험에 합격한다면, 너도 합격한다.
~B → ~A	만일 네가 시험에 합격하지 않는다면, 나도 합격하지 않는다.

② if, must be 구문

A → B	만일 내가 로또를 산다면, 나는 1등에 당첨될 것임에 틀림없다.
~B → ~A	내가 로또 1등에 당첨되지 않는다면, 나는 로또를 사지 않은 것이다.

③ whenever 구문

A → B	내가 감기에 걸릴 때마다 너도 감기에 걸린다.
~B → ~A	네가 감기에 걸리지 않을 때마다 나도 감기에 걸리지 않는다.

(2) '~A → ~B'가 참이면, 대우인 'B → A'도 참이다.

① only if, then 구문

~A → ~B	내가 경기장에 갈 때만 우리 팀이 승리할 것이다. (만일 내가 경기장에 가지 않는다면 우리 팀은 승리하지 않을 것이다.)
B → A	우리 팀이 승리한다면 내가 경기장에 간 것이다.

② not, unless 구문

~A → ~B	나는 웃지 않을 것이다. 네가 만일 웃지 않는다면. (네가 만일 웃지 않는다면, 나는 웃지 않을 것이다.)
B → A	네가 웃으면 나도 웃을 것이다.

(3) 'A → ~B'가 참이면, 대우인 'B → ~A'도 참이다.

if, will not 구문

A → ~B	만일 내가 시험에 합격한다면, 너는 불합격할 것이다.
B → ~A	네가 합격하면 나는 불합격할 것이다.

* 절대로 A와 B는 함께 '합격'할 수 없다.

(4) '~A → B'가 참이면, 대우인 '~B → A'도 참이다.

if not, will 구문

~A → B	만일 내가 시험에 불합격한다면, 너는 합격할 것이다.
~B → A	네가 불합격하면 나는 합격할 것이다.

※ 절대로 A와 B는 함께 '불합격'할 수 없다.

(5) 'A → B∧C'가 참이면, 그 대우 '~B∨~C → ~A'도 참이다.

if, and must be 구문

A → B∧C	만일 내가 시험에 합격한다면, 갑과 을도 합격함에 틀림없다.
~B∨~C → ~A	갑 또는 을이 합격하지 않는다면, 나도 합격하지 않는다.

혜원쌤의 노하우

드모르간 법칙
~(P∨Q) ≡ ~P∧~Q
~(P∧Q) ≡ ~P∨~Q

2. 명제의 참·거짓을 나타내는 진리표

P	Q	P → Q	P·Q	P∨Q	P∨Q·~(P·Q)
T	T	T	T	T	F
T	F	F	F	T	T
F	T	T	F	T	T
F	F	T	F	F	F

(1) 가언 명제(P → Q)

P	Q	P → Q
T	T	T
T	F	F
F	T	T
F	F	T

① 전건이 참이고, 후건이 거짓인 경우에만 거짓이다.
② 전건이 거짓인 경우에는 후건이 참이든 거짓이든 모두 참이다.

(2) 연언 명제(P·Q)

P	Q	P·Q
T	T	T
T	F	F
F	T	F
F	F	F

① 두 개의 연언지가 모두 참인 경우에만 참이다.

② 한 개의 연언지라도 거짓인 경우에는 거짓이다.

(3) 포괄적 선언 명제(P∨Q)

P	Q	P∨Q
T	T	T
T	F	T
F	T	T
F	F	F

① 한 개의 선언지라도 참이면 참이다.

② 두 개의 선언지가 모두 거짓인 경우에만 거짓이다.

(4) 배타적 선언 명제

P	Q	P∨Q·~(P·Q)
T	T	F
T	F	T
F	T	T
F	F	F

① 한 개의 선언지가 참인 경우에만 참이다.

② 두 개의 선언지가 모두 참이거나 거짓인 경우에는 거짓이다.

다음 빈칸에 들어갈 말로 가장 적절한 것은?

9급 출제기조 전환 예시 2차

> 갑, 을, 병, 정 네 학생의 수강 신청과 관련하여 다음과 같은 사실들이 알려졌다.
> ○ 갑과 을 중 적어도 한 명은 〈글쓰기〉를 신청한다.
> ○ 을이 〈글쓰기〉를 신청하면 병은 〈말하기〉와 〈듣기〉를 신청한다.
> ○ 병이 〈말하기〉와 〈듣기〉를 신청하면 정은 〈읽기〉를 신청한다.
> ○ 정은 〈읽기〉를 신청하지 않는다.
> 　이를 통해 갑이 [　　　　]를 신청한다는 것을 알 수 있게 되었다.

① 〈말하기〉

② 〈듣기〉

③ 〈읽기〉

④ 〈글쓰기〉

정답 설명

④ 제시된 사실들을 기호로 간단히 나타내면 다음과 같다.

	명제	대우
사실 1.	갑〈글쓰기〉∨을〈글쓰기〉	–
사실 2.	을〈글쓰기〉 → 병〈말하기∧듣기〉	~병〈말하기∧듣기〉 → ~을〈글쓰기〉
사실 3.	병〈말하기∧듣기〉 → 정〈읽기〉	~정〈읽기〉 → ~병〈말하기∧듣기〉
사실 4.	~정〈읽기〉	–

이러한 사실들을 근거로 빈칸에 들어갈 말을 추론하면 다음과 같다.

1단계	제시된 사실 중 고정 조건은 '사실 4'이다. '사실 4'로 인하여, '사실 3'과 '사실 2'는 차례로 뒤집히게 된다. 즉 '을'은 '글쓰기'를 신청하지 않을 것이다.
2단계	'사실 1'에서 '갑'과 '을' 중 적어도 한 명은 '글쓰기'를 신청한다고 하였다. 따라서 '을'은 '글쓰기'를 신청하지 않기 때문에 '갑'이 '글쓰기'를 신청하게 될 것이다.

이 과정을 볼 때, 빈칸에 들어갈 말은 '글쓰기'이다.

혜원쌤의 노하우

논리 퀴즈 문제는 '고정 조건'을 찾는 것이 중요하다.

01 다음 빈칸에 들어갈 말로 가장 적절한 것은?

> 갑과 관련하여 다음과 같은 사실들이 알려졌다.
> ○ 갑은 닭고기보다 돼지고기를 좋아한다.
> ○ 갑은 닭고기보다 소고기를 좋아한다.
> ○ 갑은 소고기보다 오리고기를 좋아한다.
> ○ 갑은 오리고기보다 생선을 좋아한다.
> 이를 통해 갑이 [   ]을 알 수 있게 되었다.

① 생선을 가장 좋아함

② 닭고기를 가장 안 좋아함

③ 생선보다 돼지고기를 더 좋아함

④ 돼지고기보다 오리고기를 좋아함

PART 2

논리퀴즈 해커스공무원 해원국어 적중 여신의 정교한 논리

01

정답 설명

② 제시된 사실들을 기호로 간단히 나타내면 다음과 같다.

사실 1.	돼지고기 > 닭고기
사실 2.	소고기 > 닭고기
사실 3.	오리고기 > 소고기
사실 4.	생선 > 오리고기

이러한 사실들을 근거로 '돼지고기 > 닭고기', '생선 > 오리고기 > 소고기 > 닭고기'의 관계를 확인할 수 있다. 어떤 경우에도 갑은 '닭고기'를 가장 안 좋아하기 때문에, 빈칸에 '닭고기를 가장 안 좋아함'이 들어갈 수 있다.

오답 정리

① 생선보다 돼지고기를 더 좋아할 가능성도 있다. 따라서 갑이 생선을 가장 좋아하는지는 알 수 없다.

③ 제시된 정보만으로는 '생선'과 '돼지고기'의 관계를 확인할 수 없다. 따라서 갑이 생선과 돼지고기 중 어느 것을 더 좋아하는지는 알 수 없다.

④ 제시된 정보만으로는 '돼지고기'와 '오리고기'의 관계를 확인할 수 없다. 따라서 갑이 돼지고기와 오리고기 중 어느 것을 더 좋아하는지는 알 수 없다.

02 다음 진술이 모두 참일 때 반드시 참인 것은?

> ○ 가장 큰 B종 공룡보다 A종 공룡은 모두 크다.
> ○ 일부의 C종 공룡은 가장 큰 B종 공룡보다 작다.
> ○ 가장 큰 D종 공룡보다 B종 공룡은 모두 크다.

① 가장 작은 A종 공룡만 한 D종 공룡이 있다.
② 어떤 A종 공룡은 가장 큰 C종 공룡보다 작다.
③ 어떤 C종 공룡은 가장 작은 A종 공룡보다 작다.
④ 어떤 D종 공룡은 가장 작은 B종 공룡보다 클 수 있다.

02

정답 설명

③ 제시된 사실들을 기호로 간단히 나타내면 다음과 같다.

진술 1.	A > B
진술 2.	B ≥ C
진술 3.	B > D

'진술 1'과 '진술 2'를 정리하면, 'A > B ≥ C'이다. 즉 가장 큰 B종 공룡보다 A종 공룡은 모두 크고, 일부의 C종 공룡은 가장 큰 B종 공룡보다 작다. 따라서 일부의 C종 공룡은 A종 공룡보다 작을 것이다.

오답 정리

① '진술 1'과 '진술 3'을 정리하면, 'A > B > D'이다. A종은 항상 D종보다 클 것이다.
② '진술 1'과 '진술 2'를 정리하면, 'A > B ≥ C'이다. A종은 항상 C종보다 클 것이다.
④ '진술 3'에서 'B > D'라고 하였다. 따라서 B종은 항상 D종보다 클 것이다.

혜원쌤의 노하우

그림을 통해서도 파악할 수 있다.

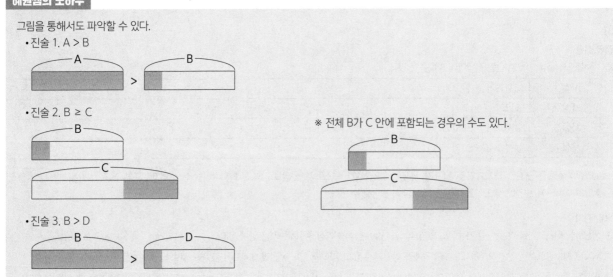

• 진술 1. A > B

• 진술 2. B ≥ C

※ 전체 B가 C 안에 포함되는 경우의 수도 있다.

• 진술 3. B > D

03 다음 진술이 모두 참일 때 반드시 참인 것은?

> ○ 체리를 좋아하는 사람은 갑이다.
> ○ 멜론을 좋아하는 사람은 을, 병이다.
> ○ 딸기를 좋아하는 사람은 갑, 정이다.
> ○ 청포도를 좋아하는 사람은 갑, 을이다.
> ○ 사과를 좋아하는 사람은 갑, 병, 정이다.

① 을과 병이 좋아하는 과일은 동일하다.

② 병이 좋아하는 과일은 갑도 좋아한다.

③ 가장 많은 종류의 과일을 좋아하는 사람은 갑이다.

④ 가장 적은 종류의 과일을 좋아하는 사람은 정 한 명이다.

03

정답 설명

③ 제시된 정보들을 근거로, 네 사람이 좋아하는 과일을 정리하면 다음과 같다.

갑	체리, 딸기, 청포도, 사과
을	멜론, 청포도
병	멜론, 사과
정	딸기, 사과

따라서 가장 많은 종류의 과일을 좋아하는 사람이 '갑'이라는 진술은 반드시 참이다.

오답 정리

① '을'은 '멜론, 청포도'를, '병'은 '멜론, 사과'를 좋아한다. '을'은 청포도를 좋아하지만, '병'은 청포도를 좋아하지 않는다.

② '병'이 좋아하는 과일은 '멜론, 사과'이고, '갑'이 좋아하는 과일은 '체리, 딸기, 청포도, 사과'이다. '갑'이 사과는 좋아하지만, 멜론은 좋아하지 않는다.

④ 가장 적은 종류의 과일을 좋아하는 사람은 '을'과 '병'과 '정'으로, 세 명이다.

혜원쌤의 노하우

'사람'을 기준으로 잡았지만, '과일'을 기준으로 삼아도 무방하다. 자신만의 기준을 잡고, 그 기준에 따라 정리하면 된다.

04 다음 ⊙과 ⓒ에 들어갈 말로 가장 적절한 것은?

> 도서관에 관하여 다음 사실들이 알려져 있다.
> ○ 총 네 개의 코너가 있다.
> ○ 어린이 도서 코너는 가장 오른쪽에 있다.
> ○ 잡지 코너는 외국 서적 코너보다 왼쪽에 있다.
> ○ 소설 코너는 잡지 코너보다 왼쪽에 있다.
> 이에 따라 소설 코너는 외국 서적 코너보다 ⎡ ⊙ ⎤ 에 있다. 그리고 어린이 도서 코너는 잡지 코너보다 ⎡ ⓒ ⎤ 에 있다.

	⊙	ⓒ
①	왼쪽	오른쪽
②	왼쪽	왼쪽
③	오른쪽	왼쪽
④	오른쪽	오른쪽

04

정답 설명

①

진술 1				
진술 2				어린이

진술 3

경우 1.

잡지	외국		어린이

경우 2.

	잡지	외국	어린이

진술 4

진술 4에 따라 진술 3에서 '경우 2.'만 옳다.

소설	잡지	외국	어린이

제시된 사실들을 근거로 왼쪽부터 차례대로 나열하면, '소설 – 잡지 – 외국 서적 – 어린이 도서'이다. 따라서 소설 코너는 외국 서적 코너보다 '왼쪽(⊙)'에 있다. 그리고 어린이 도서 코너는 잡지 코너보다 '오른쪽(ⓒ)'에 있다.

05 빈칸에 들어갈 말로 가장 적절한 것은?

> 갑, 을, 병, 정, 무 다섯 사람의 신발 사이즈에 대해 다음 사실들이 알려져 있다.
> ○ 갑, 을, 병. 정, 무의 신발 사이즈는 각각 다르다.
> ○ 신발 사이즈는 225~250mm로, 5mm 단위이다.
> ○ 갑의 신발 사이즈는 235mm이다.
> ○ 을의 신발 사이즈는 가장 작고, 병의 신발 사이즈는 가장 크다.
> 이에 따라 무의 신발 사이즈가 230mm라면, 정은 신발 사이즈가 ☐ 로 크다.

① 첫 번째   ② 두 번째

③ 세 번째   ④ 네 번째

05

정답 설명

②

	225	230	235	240	245	250
진술 1 진술 2						

	225	230	235	240	245	250
진술 3			갑			

진술 4

'을의 신발 사이즈는 가장 작고'를 볼 때, '을'은 '225mm'나 '230mm'일 것이다.

225	230	235	240	245	250
	(을)	갑			

'병의 신발 사이즈는 가장 크고'를 볼 때, '병'은 '245mm'나 '250mm'일 것이다.

225	230	235	240	245	250
		갑		(병)	

무의 신발 사이즈가 230mm라면, 진술 4에 따라 '을'의 사이즈는 '225mm'가 될 것이다.

225	230	235	240	245	250
을	무	갑		(병)	

이렇게 되면, 빈자리에는 '정'이 들어가야 한다.

진술 4에서 '병'의 신발 사이즈가 가장 크다고 하였다. 따라서 무의 신발 사이즈가 230mm라면, 정은 신발 사이즈가 '두 번째'로 클 것이다.

06 다음 진술이 모두 참일 때 반드시 참인 것은?

> 갑, 을, 병, 정은 서로 키를 견주어 보았다. 네 사람의 키에 관하여 다음 사실들이 알려져 있다.
> ○ 키가 같은 사람은 아무도 없다.
> ○ 갑은 을보다 크다.
> ○ 을은 병보다 작다.
> ○ 정은 가장 작지는 않지만, 병보다는 작다.
> ○ 병은 두 번째로 크다.

① 갑은 정보다 작다.

② 을이 가장 작다.

③ 을이 세 번째로 크다.

④ 정보다 을이 크다.

06

정답 설명

②

진술 5	첫 번째	두 번째	세 번째	네 번째
		병		

병 > 정, 정은 가장 작지 않다.

진술 4	첫 번째	두 번째	세 번째	네 번째
		병	정	

병 > 을

진술 3	첫 번째	두 번째	세 번째	네 번째
		병	정	을

갑 > 을

진술 2	첫 번째	두 번째	세 번째	네 번째
	갑	병	정	을

갑 > 을, 병 > 을, 병 > 정이고 병이 두 번째로 크므로 갑 > 병인데, 정이 가장 작지 않으므로 갑 > 병 > 정 > 을이다. 따라서 반드시 참인 진술은 '을이 가장 작다.'이다.

혜원쌤의 노하우

고정 조건을 찾는 것이 중요하다. 가장 확실한 고정 조건인 마지막 진술을 기준으로 잡으면, 쉽게 문제를 해결할 수 있다.

07 다음 진술이 모두 참일 때, 항상 거짓인 것은?

> 한 회사에 사원 A, B, C, D, E, F가 있다. 이들은 출근하는 순서대로 먼저 출근한 3명은 믹스커피, 나중에 출근한 3명은 드립커피를 마셨다. 이들의 출근과 관련하여 다음 사실들이 알려져 있다.
> ○ C는 가장 마지막에 출근했다.
> ○ F는 바로 앞에 출근한 사원이 마신 커피와 다른 종류의 커피를 마셨다.
> ○ A와 B는 연이어 출근했다.
> ○ B는 E보다 나중에 출근했다.

① E와 D는 서로 다른 종류의 커피를 마셨다.

② E는 첫 번째로 출근했고, 믹스커피를 마셨다.

③ F는 네 번째로 출근했고, 드립커피를 마셨다.

④ B가 A보다 먼저 출근했다면, A는 두 번째로 출근했다.

정답 설명

④		

진술 1

C는 가장 마지막에 출근했기 때문에, C는 드립커피를 마실 것이다.

믹스커피			드립커피		
첫 번째	두 번째	세 번째	네 번째	다섯 번째	여섯 번째
					C

진술 2

F는 바로 앞에 출근한 사원이 마신 커피와 다른 종류의 커피를 마셨다고 하였다. 바로 앞에 출근한 사원이 마신 커피와 다른 종류의 커피를 마시려면, F는 네 번째로 출근할 것이고, 드립커피를 마실 것이다.

믹스커피			드립커피		
첫 번째	두 번째	세 번째	네 번째	다섯 번째	여섯 번째
			F		C

진술 3

A와 B는 연이어 출근했다고 하였다. 따라서 첫 번째와 두 번째, 또는 두 번째와 세 번째에 출근할 것이다. 또 어떤 경우에도 믹스커피를 마실 것이다.

진술 4

B는 E보다 나중에 출근했다고 하였다. '진술 3'을 고려할 때, A와 B는 연이어 출근하였고 B는 E보다 나중에 출근하였으므로 E는 첫 번째로 출근할 것이다.
또 남은 빈칸, 다섯 번째에는 D가 들어갈 것이다.

구분	믹스커피			드립커피		
	첫 번째	두 번째	세 번째	네 번째	다섯 번째	여섯 번째
경우 1	E	A	B	F	D	C
경우 2	E	B	A	F	D	C

진술 4의 '경우 2'에 따르면 A는 세 번째로 출근했으므로, 'B가 A보다 먼저 출근했다면, A는 두 번째로 출근했다.'는 항상 거짓이다.

Day 06 관계 파악 **73**

08 빈칸에 들어갈 말로 가장 적절한 것은?

7층으로 된 한 건물에 A, B, C, D, E, F, G가 살고 있다. 그들이 좋아하는 스포츠는 축구, 야구, 농구이고, 그들이 기르는 애완동물은 개, 고양이, 새이다. 그들은 각자 하나의 스포츠를 좋아하고, 한 종의 애완동물을 기른다. 한 층에 한 명이 살고, 이웃한 사람끼리는 서로 다른 스포츠를 좋아하고, 다른 애완동물을 기른다.

○ G는 맨 위층에 산다.

○ 짝수 층 사람들은 축구를 좋아한다.

○ B는 유일하게 개를 기르는 사람이다.

○ 2층에 사는 사람은 고양이를 기른다.

○ E는 농구를 좋아하며, D는 새를 키운다.

○ A는 E의 아래층에 살며, B의 위층에 산다.

○ 개는 1층에서만 키울 수 있다.

이를 볼 때, '□□□□'가 항상 참이다.

① D는 5층에 살며 새를 키운다.

② F는 6층에 살며 고양이를 키운다.

③ G는 야구를 좋아하며 고양이를 키운다.

④ 홀수 층에 사는 사람은 모두 새를 키운다.

08

정답 설명

<table>
<tr><td rowspan="8">①</td><td colspan="4">○ G는 맨 위층에 산다.
○ 짝수 층 사람들은 축구를 좋아한다.</td></tr>
<tr><td rowspan="7">진술 1
+
진술 2</td><td>7층</td><td>G</td><td></td><td></td></tr>
<tr><td>6층</td><td></td><td>축구</td><td></td></tr>
<tr><td>5층</td><td></td><td></td><td></td></tr>
<tr><td>4층</td><td></td><td>축구</td><td></td></tr>
<tr><td>3층</td><td></td><td></td><td></td></tr>
<tr><td>2층</td><td></td><td>축구</td><td></td></tr>
<tr><td>1층</td><td></td><td></td><td></td></tr>
<tr><td colspan="5">○ B는 유일하게 개를 기르는 사람이다.
○ 개는 1층에서만 키울 수 있다.</td></tr>
<tr><td rowspan="7">진술 3
+
진술 7</td><td>7층</td><td>G</td><td></td><td></td></tr>
<tr><td>6층</td><td></td><td>축구</td><td></td></tr>
<tr><td>5층</td><td></td><td></td><td></td></tr>
<tr><td>4층</td><td></td><td>축구</td><td></td></tr>
<tr><td>3층</td><td></td><td></td><td></td></tr>
<tr><td>2층</td><td></td><td>축구</td><td></td></tr>
<tr><td>1층</td><td>B</td><td></td><td>개</td></tr>
</table>

	○ 2층에 사는 사람은 고양이를 기른다.		
	○ A는 E의 아래층에 살며, B의 위층에 산다.		

진술 4 + 진술 6

7층	G		
6층		축구	
5층			
4층		축구	
3층	**E**		
2층	**A**	축구	**고양이**
1층	B		개

진술 5

○ E는 농구를 좋아하며,

7층	G		
6층		축구	
5층			
4층		축구	
3층	E	**농구**	
2층	A	축구	고양이
1층	B		개

○ D는 새를 키운다.
전제에서 이웃한 사람끼리는 서로 다른 스포츠를 좋아하고, 다른 애완동물을 기른다고 하였다. 그런데 진술 3에서 'B는 유일하게 개를 기르는 사람이다.'라고 하였다. 이를 통해 스포츠 칸과 애완동물 칸을 다음과 같이 채울 수 있다.

7층	G	**(농구 또는 야구)**	**새**
6층		축구	**고양이**
5층		**(농구 또는 야구)**	**새**
4층		축구	**고양이**
3층	E	농구	**새**
2층	A	축구	고양이
1층	B	**(농구 또는 야구)**	개

D는 새를 키운다고 하였는데, '새'를 키우는 사람 중 비어 있는 자리는 5층뿐이다.

7층	G	(농구 또는 야구)	새
6층		축구	고양이
5층	**D**	(농구 또는 야구)	새
4층		축구	고양이
3층	E	농구	새
2층	A	축구	고양이
1층	B	(농구 또는 야구)	개

C와 F가 들어갈 자리는 4층 또는 6층이다. 따라서 결론적으로 다음과 같은 표를 완성할 수 있다.

7층	G	(농구 또는 야구)	새
6층	(C 또는 F)	축구	고양이
5층	D	(농구 또는 야구)	새
4층	(C 또는 F)	축구	고양이
3층	E	농구	새
2층	A	축구	고양이
1층	B	(농구 또는 야구)	개

완성된 표를 볼 때, 'D는 5층에 살며 새를 키운다.'는 항상 참이다.

오답 정리

② F가 4층에 사는지 6층에 사는지 정확히 알 수 없다.

③ G는 7층에 살며 새를 키우지만, 무슨 스포츠를 좋아하는지는 알 수 없다.

④ B는 유일하게 개를 키우고 개를 키우는 사람은 1층에 산다. 그러므로 홀수 층에 사는 사람이 모두 새를 키운다고 할 수는 없다.

09 다음 진술이 모두 참일 때, 항상 참인 것은?

> 갑, 을, 병, 정은 언어영역, 수리영역, 외국어영역으로 구성된 시험을 본 뒤 채점을 하였다. 시험 결과에 관하여 다음 사실이 알려져 있다.
> ㉠ 동점자는 존재하지 않는다.
> ㉡ 갑은 언어영역에서 1등이고, 수리영역에서는 을보다 잘했다.
> ㉢ 갑은 외국어영역에서 병과 을에게만 뒤처졌다.
> ㉣ 갑은 수리영역에서 정보다 못했다.
> ㉤ 을은 수리영역 4등이 아니다.
> ㉥ 병은 언어영역에서 4등을 했고, 수리영역은 을보다 못했다.
> ㉦ 정은 외국어영역에서 갑보다 못했다.
> ㉧ 정의 외국어영역 등수는 을의 수리영역 등수에 1을 더한 것과 같다.
> ㉨ 평소에 정의 언어영역 점수는 을의 언어영역 점수보다 좋지 않은 편이었다. 이번에도 그랬다.

① 외국어영역 3등은 갑이다.
② 을의 언어영역 등수에서 2를 더한 값은 갑의 외국어영역 등수와 같다.
③ 병은 세 과목에서 모두 4등이다.
④ 정은 병보다 모든 과목에서 등수가 높다.

09

정답 설명

①

ⓛ 갑은 언어영역에서 1등이고, 수리영역에서는 을보다 잘했다.

	언어	수리	외국어
갑	**1등**	**갑 > 을**	
을			
병			
정			

ⓗ 병은 언어영역에서 4등을 했고, 수리영역은 을보다 못했다.

	언어	수리	외국어
갑	1등	2등	3등
을		3등	
병	**4등**	4등	
정		1등	

ⓒ 갑은 외국어영역에서 병과 을에게만 뒤처졌다.
≡ 총 4명인데, 병과 을에게만 뒤처졌다는 말이므로 '갑'이 외국어영역에서 3등이라는 의미이다.

	언어	수리	외국어
갑	1등	갑 > 을	**3등**
을			
병			
정			

ⓢ 정은 외국어영역에서 갑보다 못했다.
≡ 갑은 외국어영역에서 3등이다. 정이 갑보다 못했다고 했기 때문에, 정은 4등이다.

	언어	수리	외국어
갑	1등	2등	3등
을		3등	
병	4등	4등	
정		1등	**4등**

ⓔ 갑은 수리영역에서 정보다 못했다.

	언어	수리	외국어
갑	1등	정 > 갑 > 을	3등
을			
병			
정			

ⓞ 정의 외국어영역 등수는 을의 수리영역 등수에 1을 더한 것과 같다.
≡ 을의 수리영역 등수는 '3등'이다. 따라서 정의 외국어영역 등수는 '3등'에 1을 더한 값, 즉 4등이다.
※ ⓢ 때문에, 따로 구할 필요가 없는 내용이긴 하다.

ⓜ 을은 수리영역 4등이 아니다.
≡ 총 4명이므로 을은 수리영역에서 1~3등이라는 의미이다. ⓔ까지의 과정을 통해 수리영역의 등수가 '정 > 갑 > 을'임을 알 수 있어 수리영역의 등수를 완성할 수 있다.

	언어	수리	외국어
갑	1등	**2등**	3등
을		**3등**	
병		**4등**	
정		**1등**	

ⓩ 평소에 정의 언어영역 점수는 을의 언어영역 점수보다 좋지 않은 편이었다.
≡ 을 > 정이고, 갑과 병의 등수는 나와 있다. 따라서 을이 2등, 정이 3등이다.

	언어	수리	외국어
갑	1등	2등	3등
을	**2등**	3등	
병	4등	4등	
정	**3등**	1등	4등

㉠~㉢의 조건을 통해 외국어영역 3등이 갑임을 확인할 수 있다.

오답 정리

② 을의 언어영역 등수는 '2등'이다. 여기에 2를 더한 값은 4이다. 갑의 외국어 등수는 3이다. 따라서 을의 언어영역 등수에서 2를 더한 값은 갑의 외국어영역 등수와 같지 않다.

③ 병은 두 과목(언어, 수리)에서 4등이다.

④ 언어와 수리영역에서 정은 병보다 등수가 높다. 그러나 외국어에서는 등수가 높지 않다.

혜원쌤의 노하우

풀이 과정을 보이기 위해 단계별로 표를 새로 만들었지만, 실제 시험 현장에서는 하나의 표를 채우는 방식으로 풀면 된다.

Day 07 진실 게임

대표 문제

다음 빈칸에 들어갈 말로 가장 적절한 것은?

> S기업의 한 생산부서에서 불량이 지속적으로 발생하였다. 원인은 각각의 생산 공정을 담당한 직원 4명 중 1명의 작업 실수였다. 이와 관련하여 직원들은 다음과 같은 진술을 하였다.
> ○ 직원 A의 증언: 포장 작업은 불량의 원인이 아닙니다.
> ○ 직원 B의 증언: 원료를 잘못 분류했으니 불량이 나오는 것입니다.
> ○ 직원 C의 증언: 색칠 작업에서는 불량이 나올 수가 없습니다.
> ○ 직원 D의 증언: 제가 보기엔 포장 작업에서 불량이 나옵니다.
> 직원들의 진술 중 1명은 거짓말을, 나머지 3명은 진실을 말하고 있다. 이때 거짓을 말한 직원과 불량의 원인이 되는 작업을 차례로 나열하면 ☐☐☐☐☐☐ 이다.

① 직원 A, 원료 작업

② 직원 A, 포장 작업

③ 직원 D, 색칠 작업

④ 직원 D, 원료 작업

정답 설명

④ 직원들의 증언을 기호로 나타내면 다음과 같다.

직원 A	직원 B	직원 C	직원 D
~포장 작업	원료 잘못 분류	~색칠 작업	포장 작업

증언을 볼 때, '직원 A'와 '직원 D'의 진술이 상충되므로, 두 가지 경우를 생각해 볼 수 있다.

i. A의 증언이 거짓말일 경우	직원들의 진술 중 거짓말을 한 사람은 1명뿐이다. 따라서 B, C, D의 증언이 진실이 된다. 그러나 B의 증언 '원료 분류 작업에서 불량이 나온다.'와 D의 증언 '포장 작업에서 불량이 나온다.'에 의해 불량의 원인이 되는 작업을 담당한 직원이 2명이 된다. 이는 작업 실수를 한 직원이 1명이라는 조건과 맞지 않는다. 따라서 A는 거짓말을 하지 않았다.
ii. D의 증언이 거짓말일 경우	직원들의 진술 중 거짓말을 한 사람은 1명뿐이다. 따라서 A, B, C의 증언이 진실이 되며 이들의 증언은 서로 상충하지 않는다. 따라서 B의 증언에 따라 불량의 원인이 되는 작업은 원료 작업이며, 거짓을 말한 사람은 D이다.

따라서 빈칸에 들어갈 말은 '직원 D, 원료 작업'이다.

혜원쌤의 노하우

진실 게임 유형은 '상충되는 진술', 즉 모순점을 찾는 것이 중요하다.

01 다음 빈칸에 들어갈 말로 가장 적절한 것은?

취업 준비생 갑, 을, 병, 정, 무 다섯이 A그룹에 지원하여 그중 1명이 합격하였다. 취업준비생들은 다음과 같이 진술하였고, 그중 1명이 거짓말을 하였다.

○ 갑: 을은 합격하지 않았다.
○ 을: 합격한 사람은 정이다.
○ 병: 내가 합격하였다.
○ 정: 을의 말은 거짓말이다.
○ 무: 나는 합격하지 않았다.

이를 통해 ⬚⬚⬚⬚⬚이 합격한 사람이라는 것을 알 수 있게 되었다.

① 갑   ② 을
③ 병   ④ 정

01

정답 설명

③ 제시된 진술들을 기호로 간단히 나타내면 다음과 같다.

갑	~을	
을	정	
병	병	
정	~정	'을'이 거짓말했다. ≡ "합격한 사람은 정이다."는 거짓말이다. ≡ '정'은 불합격했다.
무	~무	

진술을 볼 때, '을'과 '정'의 진술은 상충되므로, 두 가지 경우를 생각해 볼 수 있다.

i. 을이 참인 경우	을이 참이고 정이 거짓이라면 합격자는 병, 정이 된다. 합격자는 한 명이어야 하므로 모순이다.
ii. 을이 거짓인 경우	을이 거짓이고 정이 참이라면 합격자는 병이 된다.

따라서 빈칸에 들어갈 말은 '병'이다.

다음 내용을 볼 때, 반드시 참인 것은?

> 　회사가 A, B, C, D 네 부서에 한 명씩 신입 사원을 선발하였다. 지원자는 총 5명이었으며, 선발 결과에 대해 다음과 같이 진술하였다. 이 중 1명의 진술만 거짓으로 밝혀졌다.
> ○ 갑: '을'이 A부서에 선발되었다.
> ○ 을: '병'은 A 또는 D부서에 선발되었다.
> ○ 병: '정'은 C부서가 아닌 다른 부서에 선발되었다.
> ○ 정: '무'는 D부서에 선발되었다.
> ○ 무: 나는 D부서에 선발되었는데, '갑'은 선발되지 않았다.

① 갑은 B부서에 선발되었다.
② 병은 D부서에 선발되었다.
③ 정은 B부서에 선발되었다.
④ 무는 C부서에 선발되었다.

02

정답 설명

③ 제시된 진술들을 정리하면 다음과 같다.

<table>
<tr><td rowspan="2">갑</td><td colspan="5">'을'이 A부서에 선발되었다.</td></tr>
<tr><td>A</td><td>B</td><td>C</td><td>D</td><td>탈락</td></tr>
<tr><td></td><td>을</td><td></td><td></td><td></td><td></td></tr>
</table>

갑	'을'이 A부서에 선발되었다.				
	A	B	C	D	탈락
	을				

을	'병'은 A 또는 D부서에 선발되었다.				
	A	B	C	D	탈락
	(병)			(병)	

병	'정'은 C부서가 아닌 다른 부서에 선발되었다.				
	A	B	C	D	탈락
	(정)	(정)		(정)	

정	'무'는 D부서에 선발되었다.				
	A	B	C	D	탈락
				무	

무	나는 D부서에 선발되었는데, '갑'은 선발되지 않았다.				
	A	B	C	D	탈락
				무	갑

'정'과 '무' 모두 '무'가 D부서에 선발되었다고 하였다.

따라서 '무'의 진술이 참이면 '정'의 진술도 참이 되고, '무'의 진술이 거짓이면 '정'의 진술도 거짓이 된다. 그런데 1명의 진술만 거짓이라고 했으므로 지원자 '정'과 '무'의 진술은 참이다.

지원자 '정'과 '무'의 진술은 참이므로, D부서에는 '무'가 선발되고, '갑'은 탈락한다.

A	B	C	D	탈락
			무	갑

'을'이 '병'은 A 또는 D부서에 선발되었다고 하였다. 그런데 지원자 '정'과 '무'의 진술에 따라 D부서에는 '무'가 선발되었기 때문에, '병'은 A 부서에 선발될 것이다. 그런데 '갑'이 '을'이 A부서에 선발되었다고 하였기 때문에, '갑'과 '을'의 진술이 상충된다.

i. 갑이 참인 경우	'을'은 A부서에 선발이 되었고, '병'은 B 또는 C부서에 선발되었다. 이때, '병'의 진술에 따라, '정'은 B부서, '병'은 C부서에 선발되었다.				
	A	B	C	D	탈락
	을	정	병	무	갑

ii. 을이 참인 경우	'병'은 A부서에 선발이 되었고, '을'은 B 또는 C부서에 선발되었다. 이때, '병'의 진술에 따라, '정'이 B부서, '을'이 C부서에 선발되었다.				
	A	B	C	D	탈락
	병	정	을	무	갑

두 가지 경우 모두 '정'이 B부서에 선발된다는 것을 확인할 수 있다.

03 A~E 5명의 공무원이 인천, 대전, 대구, 부산, 광주 5개의 지역에 각각 출장을 간다. A~E 중 1명은 거짓말을 하고 나머지 4명은 진실을 말하고 있을 때 항상 거짓인 것은?

> ○ A: B는 대전으로 출장을 가지 않는다.
> ○ B: D는 인천으로 출장을 간다.
> ○ C: B는 진실을 말하고 있다.
> ○ D: C는 거짓말을 하고 있다.
> ○ E: C는 대구, A는 부산으로 출장을 간다.

① B는 대구로 출장을 가지 않는다.

② C는 인천으로 출장을 가지 않는다.

③ D는 부산으로 출장을 가지 않는다.

④ E는 대전으로 출장을 가지 않는다.

03

정답 설명

④ A~E 5명 중 단 1명만이 거짓말을 하고 있다. 따라서 C와 D 중 1명은 반드시 거짓을 말하고 있다.

i. D의 진술이 진실인 경우	"C는 거짓말을 하고 있다."에 따라 C의 진술인 "B는 진실을 말하고 있다."가 거짓이다. 즉 B는 거짓말을 한다. 이를 볼 때, B와 C의 말이 모두 거짓이 되므로, 단 1명만이 거짓말을 하고 있다는 조건에 부합하지 않는다.				
ii. D의 진술이 거짓일 경우	"C는 거짓말을 하고 있다."가 거짓이므로, C는 참을 말하고 있다. 즉 A, B, C, E의 진술은 참이다. 이에 따라 출장지를 연결하면 다음과 같다.				
	A	B	C	D	E
	부산	~대전(광주)	대구	인천	대전

B는 대전으로 출장을 가지 않기 때문에, 광주로 갈 수밖에 없다. 따라서 남은 자리, E에는 대전이 들어가야 한다. 그러므로 'E는 대전으로 출장을 가지 않는다.'는 항상 거짓이다.

오답 정리

① B는 '광주'로 출장을 가기 때문에, 대구로 출장을 가지 않는다는 진술은 참이다.

② C는 '대구'로 출장을 가기 때문에, 인천으로 출장을 가지 않는다는 진술은 참이다.

③ D는 '인천'으로 출장을 가기 때문에, 부산으로 출장을 가지 않는다는 진술은 참이다.

04 빈칸에 들어갈 말로 가장 적절한 것은?

> A, B, C, D, E 다섯 명이 100m 달리기를 했다. 각자의 순위에 대해 다음과 같이 진술하였다.
> ○ A: 나는 1등이 아니고, 3등도 아니야.
> ○ B: 나는 1등이 아니고, 2등도 아니야.
> ○ C: 나는 3등이 아니고, 4등도 아니야.
> ○ D: 나는 A와 B보다 늦게 들어왔어.
> ○ E: 나는 C보다는 빠르게 들어왔지만, A보다는 늦게 들어왔어.
> 다섯 명 중 한 사람은 거짓말을 하고 있다. A, B, C, D, E의 순위는 '☐☐☐'이다.

① A-C-E-B-D

② C-E-B-A-D

③ C-A-E-D-B

④ E-A-B-C-D

04

정답 설명

② 제시된 진술을 근거로 등수를 예측하면 다음과 같다.

	불가능한 등수	가능한 등수
A	1, 3	2, 4, 5
B	1, 2	3, 4, 5
C	3, 4	1, 2, 5
D	D는 1등이 될 수 없다.	A-B-D B-A-D
E	E는 1등이 될 수 없다.	A-E-C

다섯 명의 진술을 볼 때, 1등이 가능한 사람은 C뿐이다. 그런데 E의 진술대로라면 C가 1등이 되는 건 불가능하다. 따라서 C와 E의 진술 사이에 모순이 생기기 때문에, E는 거짓이다.

따라서 C가 1등에 놓인 ②, ③ 중에 답이 있다.

D의 진술에 따라 A와 B 다음에 D가 놓인 ②가 답이다.

혜원쌤의 노하우

한 명만 거짓말을 하고 있기 때문에 모두의 말을 참이라고 가정하고, 모순이 어디서 발생하는지 생각해 본다.

05 빈칸에 들어갈 말로 가장 적절한 것은?

> 갑, 을, 병, 정 네 명의 직원이 1명씩 돌아가면서 주말 근무를 하고 있다. 같은 직원이 2주 연속으로는 주말 근무를 하지 않는다. 단, 네 직원은 한 달에 1번 이상 주말 근무를 하여야 한다.
> ⊙ 갑은 지난 2주 동안 휴가였기 때문에 주말 근무를 하지 않았다.
> ⓛ 을이 지난주에 주말 근무를 하였다.
> ⓒ 병은 2주 전에 주말 근무를 하였다.
> ⓔ 정은 이번 주에 주말 근무할 예정이다.
> 　　진술 중 3개는 참이고 1개는 거짓일 때, 항상 참인 진술은 '　　　　'이다.

① 지난주 주말 근무자는 을이다.

② 이번 주 주말 근무자는 정이다.

③ 이번 주 주말 근무자는 병이다.

④ 다음 주 주말 근무자는 갑이다.

05

정답 설명

① ⓔ이 거짓이라 가정하면 을은 지난주, 병은 2주 전에 근무하였으며, 갑은 지난 2주간 휴가였기 때문에 이번 주 또는 다음 주에 근무하게 된다. 이때 ⓔ이 거짓이므로 정은 이번 주가 아니라 다음 주 근무자일 것이라 추측할 수 있다. 이를 토대로 했을 때 '지난주 주말 근무자는 을'이라는 ①이 정답이다.

2주 전	지난주	이번 주	다음 주
병	을	갑	정

오답 정리

⊙이 거짓: ⊙이 거짓이라면 갑이 지난 2주간 한 번 이상 주말 근무를 해야 하는데 모순이 생긴다.

2주 전	지난주	이번 주	다음 주
병	을	정	

ⓛ이 거짓: 병, 정이 각각 2주 전, 이번 주에 근무하였고, 갑이 지난 2주간 근무하지 않았으므로 갑은 다음 주에 근무 담당자일 것이다. 따라서 을이 지난주에 근무했어야 한다는 모순이 생긴다.

2주 전	지난주	이번 주	다음 주
병		정	갑

ⓒ이 거짓: 을, 정이 각각 지난주, 이번 주에 근무하였고, 갑이 지난 2주간 근무하지 않았으므로 갑은 다음 주에 근무 담당자일 것이다. 따라서 병이 2주 전에 근무했어야 한다는 모순이 생긴다.

2주 전	지난주	이번 주	다음 주
	을	정	갑

PART 3

논증

유형 분석

◎ **연역과 귀납**

논증을 제시하고, 그 논증의 방식이 '연역'인지 '귀납'인지 묻는 유형으로 출제된다.

◎ **필요조건과 충분조건**

'p이면 q이다.'를 제시하고, 필요조건과 충분조건, 필요충분조건을 찾는 유형으로 출제된다. 주로 사례와 함께 출제된다.

◎ **강화와 약화**

주장을 제시한 후, 선지나 <보기>에 제시된 내용이 주장을 강화하는 내용인지, 약화하는 내용인지 판단하는 유형으로 출제된다.

유형 정복 비법

◎ **연역과 귀납**

1. 연역과 귀납은 말투가 다르다.

연역은 전제가 참일 때, 결론도 반드시 참이다. 그러나 '귀납'은 다르다. 많은 수가 그렇다는 것으로 모든 것이 그럴 것이라는 결론을 도출한 것은 '귀납'이다.

◎ **필요조건과 충분조건**

1. 표현에 익숙해지자.

'p이면 q이다.(p→q)'의 형태로만 표현된다면, 필요조건과 충분조건을 찾는 것이 어렵지는 않을 것이다. 그러나 다른 형태로도 나타나기 때문에, 표현에 익숙해질 필요가 있다.

> **혜원쌤의 노하우**
>
> **'p이면 q이다.'와 동일한 표현**
> • q이어야 p이다.
> • q가 아니면 p가 아니다.

2. 벤다이어그램을 활용한다.

p→q가 성립할 때, p는 q의 충분조건이 되고, q는 p의 필요조건이 된다. 즉 한 명제가 다른 명제에 포함되는 관계이다. 한편, 필요충분조건은 충분조건과 필요조건이 동시에 성립하는 관계이다. 각각을 이해할 때, 벤다이어그램을 활용하면 훨씬 이해가 쉽다.

혜원쌤의 노하우

1. 필요조건, 충분조건

2. 필요충분조건
p≡q

* p와 q가 필요충분조건이라면, 'p≡q'로 나타낼 수 있다.

◎ 강화와 약화

1. 일치하면 '강화', 불일치하면 '약화'

선지에 제시된 내용이 주장을 뒷받침하여 설득력을 높인다면 주장은 '강화'된다. 반대로 주장을 반박하여 설득력을 낮춘다면 주장은 '약화'된다. 따라서 큰 틀에서 일치하는 내용이라면 '강화', 일치하지 않은 내용이라면 '약화'로 이해하여도 무방하다.

혜원쌤의 노하우

주장이 반드시 핵심 논지와 연결되는 것은 아니다. 여러 입장이 제시될 경우에는, 핵심 논지가 아닌 각각의 입장에 초점을 맞춰야 한다.

2. 강화도, 약화도 하지 않는 경우도 있음에 유의한다.

주장과 관련이 없어 설득력을 높이지도, 낮추지도 않는 경우도 있다. 이 경우에는 주장을 '강화'한다고도, '약화'한다고도 볼 수 없다.

3. 직접적인 표현이 없더라도 당황할 필요 없다.

발문에 '강화'나 '약화'라는 표현 대신 '평가'라는 표현이 쓰이기도 한다. 또 '강화'라는 표현 대신 '뒷받침'한다는 표현이, '약화'라는 표현 대신 '반박' 내지 '비판'한다는 표현이 쓰일 수 있다.

세부 유형

1. 논증의 종류 파악
2. 필요조건, 충분조건, 필요충분조건
3. 강화와 약화

1. 연역과 귀납

(1) 공통점과 차이점

공통점	'전제'가 '결론'을 뒷받침한다.	
	연역	**귀납**
차이점	전제의 참이 결론의 참을 보장한다. (='전제'가 '결론'을 100% 지지한다.) → 참/거짓(타당성, 필연성)을 판단하는 문제와 관련	전제의 참이 결론의 참을 보장하지 않는다. (= '전제'가 '결론'을 100% 지지하지는 않는다. = '반례'가 존재한다.) → 강화 또는 약화(개연성)를 판단하는 문제와 관련
	[대표 발문] 다음 글의 내용이 참일 때, 반드시 참인 것은?	[대표 발문] 다음 글의 ㉠을 약화하지 않는 것은?

헤원쌤의 노하우

- '강화'와 '약화'를 묻는 문제는 '귀납 추론'과 관련이 있다.
- '유비추론'도 귀납 논증에 속한다. 다만, 유비추론의 결론은 개연성을 가질 뿐 확실성을 가지지는 못한다.

(2) 연역 추론과 귀납 추론

연역 추론	귀납 추론
일반적인 원리를 전제로 개별적인 경우를 추론하는 방법	구체적·개별적 사실에서 일반적인 원리를 도출해 내는 추론 방법

전제	모든 인간은 죽는다.
결론	소크라테스는 죽는다.

전제	소크라테스는 죽는다.
결론	모든 인간은 죽는다.

전제
결론

결론
전제

* '결론'이 '전제'에 포함된다. 따라서 '전제'가 참이면, '결론'도 참이다.

* '전제'가 '결론'에 포함된다. 따라서 '전제'가 참이라도, '결론'이 반드시 참인 것은 아니다.

헤원쌤의 노하우

성급한 일반화의 오류는 '귀납 추론'에 따른 오류이다.

⟪예⟫ 한국의 고등학생은 교복을 입는다. 일본과 영국의 고등학생도 교복을 입는다. 따라서 전 세계 모든 고등학생들은 교복을 입을 것이다.

(3) 귀납 추론의 종류

① 유추(유비 추론): 대상 A와 B 사이에 공통점이 존재하기 때문에, A의 다른 속성을 B도 갖고 있을 것이라고 미루어 추론하는 방법을 말한다.

　예 스마트폰은 화면이 크고 터치 기능이 있어 영화를 감상하기에 적합하다. 태블릿도 이와 유사하게 화면이 크고 터치 기능을 갖추고 있다. 따라서 태블릿 역시 영화를 감상하기에 적합할 것이다.

② 통계적 귀납 추론: 전체 대상 중에서 일부만을 관찰·조사한 후, 전체도 그럴 것이라고 미루어 추론하는 방법을 말한다.

　예 설문조사, 여론조사

③ 인과적 귀납 추론: 어떤 일의 결과나 원인을 과학적 지식이나 상식에 의거하여 추론하는 방법을 말한다. J. S. Mill은 인과관계의 원인을 찾는 귀납적 방법을 '일치법, 차이법, 일치차이법, 잉여법, 공변법' 등 5가지로 구분하였다.

(4) 귀납 추론 방법

일치법	동일한 결과를 초래하는 서로 다른 사례가 존재할 때, 오직 공통적으로 작용하는 정황을 찾아내어 그것이 결과를 야기하는 현상의 원인이라고 추론하는 방법 예 A학교 학생들이 식중독에 걸렸다. 그 원인을 조사하던 중 식중독에 걸린 학생들이 모두 어제 공통적으로 '우유'를 마셨다는 사실을 확인했다. 따라서 식중독의 원인이 우유라는 결론을 내렸다.
차이법	비슷한 상황임에도 불구하고 어떤 결과가 일어난 경우와 일어나지 않은 경우가 존재할 때, 선행하는 조건들 중 다른 한 가지의 조건을 찾아내어 그 조건이 원인이라고 추론하는 방법 예 A와 B는 학습 시간과 학습 환경이 비슷하지만, 성적은 현저히 차이가 났다. 둘은 집중력에 차이가 있었다. 집중력이 A가 B보다 높았다. 따라서 집중력의 차이에 의해 성적이 달라진 것이다.
일치차이법	* '일치법'과 '차이법'이 결합한 방법 현상이 나타나는 몇 개의 경우에는 한 가지 공통된 상황이 존재하고, 현상이 나타나지 않는 경우에는 이런 상황이 없을 때, 그것이 원인이라고 추론하는 방법 예 가족들이 여행을 갔는데, 일부가 배탈이 났다. 이들의 공통점은 조식을 먹었다는 것이다. 배탈이 나지 않은 사람들은 모두 조식을 먹지 않았다. 따라서 조식이 배탈의 원인이라고 결론을 내렸다.
잉여법	두 가지 이상의 복잡한 현상을 원인과 결과로 하는 사례에서 이미 알려진 인과 부분을 제거하고, 나머지 부분에 관하여 인과 관계를 추론하는 방법 예 A는 기억력이 급격히 감소하면서 두통이 심하고 손발이 떨리는 증상이 나타나 종합검진을 받았다. 결과를 확인하니, 치매와 신경과민 그리고 알코올 중독으로 판명되었다. 기억력 감퇴는 치매가 원인이며 두통은 신경과민에 의한 것임을 알게 되었다. 따라서 손발 떨림 현상의 이유는 알코올 중독이라는 것을 확신하게 되었다.
공변법	현상이 변함에 따라 다른 현상이 변할 때, 그 변화가 현상의 원인이라고 추론하는 방법 예 술을 마시는 빈도가 각기 다른 사람들의 집단을 조사한 결과, 술을 자주 마실수록 간암에 걸릴 확률이 높다는 것을 알게 되었다.

* 9급과 7급 수준에서는 '귀납'과 '연역'을 구분하는 수준으로 출제되겠지만, 5가지 귀납 추론을 구별하는 문제가 5급에서는 출제된 적이 있다.

2. 필요조건과 충분조건

(1) 개념

'p → q'가 성립할 때, p는 q의 충분조건이고, q는 p의 필요조건이다.

충분조건	p라는 조건(원인)하에서 q라는 결과(현상)가 반드시 발생한다면, 이때의 p를 충분조건이라 한다.
필요조건	p라는 조건(원인)하에서 q라는 결과(현상)가 발생할 필연성이 있는 것이 아니라 가능성만 있거나, p라는 조건(원인)이 없으면 q라는 결과(현상)가 발생할 수 없을 때, 이러한 p를 필요조건이라 한다.

(2) 필요충분조건

두 명제에서 충분조건과 필요조건이 동시에 성립하는 것을 의미한다. p와 q가 필요충분조건이라면 'p ≡ q'로 표현한다.

혜원쌤의 노하우

p와 q가 동치를 이루는 경우, 이를 필요충분조건이라 한다. 이 경우 p는 q에 대해 필요하고도 충분한 조건이 되고, q는 p에 대해 충분하고도 필요한 조건이 된다.

(3) 'p: 충분조건, q: 필요조건'을 나타내는 표현법

p: 충분조건, q: 필요조건
$p \rightarrow q \equiv \sim q \rightarrow \sim p$

p일 때 q이다.	(오직) q일 때만 p이다.
p가 성립하면 q가 성립한다.	q가 성립하지 않으면 p가 성립하지 않는다.
p인 한 q이다.	q에 한하여 p이다.
p는 q이기 위해 충분한 조건이다.	q는 p이기 위해 필요한 조건이다.

혜원쌤의 노하우

- '(오직) p일 때만 q한다.'는 'q가 아니라면 p하지 않는다.'와 같은 표현이다.
- 단독 문제로 출제되기도 하지만, 어휘 문제와 엮어서 출제되는 경향이 있다.

3. 강화와 약화

강화	자신의 논지, 즉 결론을 보다 그럴듯하게 만드는 경우 '강화'된다고 한다. * 추가했을 때 참일 개연성이 증가한다.
약화	다른 사람의 논증을 비판할 때 쓰이는데, 주로 논증의 허술한 점을 지적하면서 상대방의 논증을 덜 그럴듯하게 만드는 경우 '약화'된다고 한다. * 추가했을 때 참일 개연성이 감소한다.

혜원쌤의 노하우

논증은 논거와 주장을 뒷받침하는 정도가 밀접할수록 강해지고, 떨어질수록 약해진다. 따라서 논지와의 방향성이 같은 것(강화)이나 다른 것(약화)을 찾으면 된다. 간단하게 말해 글의 주장과 일치하면 '강화', 글의 주장과 일치하지 않으면 '약화'로 생각해도 된다.

대표 문제

다음 글과 논증 방식이 가장 가까운 것은?

2017년 국가직 7급 추가 변형

> 나는 유해한 모든 일을 피하려고 한다. 전자파가 유해하다는 것은 널리 알려진 사실이다. 전자레인지는 전자파를 방출하는 대표적인 기기이다. 따라서 나는 전자레인지 사용을 자제하려고 한다.

① 지난 3년간 5월에는 항상 비가 많이 왔다. 그러므로 올해 5월에도 비가 많이 올 것이다.

② A가게에서 사과를 다섯 번 샀는데, 모두 신선했다. 그러므로 A가게의 사과는 대체로 신선할 것이다.

③ 미국 헌법은 미국 시민의 투표권을 보장한다. 미국 여성은 미국 시민이다. 그러므로 미국 헌법은 미국 여성의 투표권을 보장한다.

④ 주말이면 동네에서 크고 작은 문화 행사를 한다. 박물관에는 다양한 문화재들이 항상 전시되어 있으며, 대학로의 소극장이나 예술의 전당 같은 문화 공간에서는 다양한 공연이 열리고 있다. 문화는 우리 생활 구석구석에 스며들어 있다.

정답 설명

③ '전자파가 유해하다는 것은 널리 알려진 사실이다.'라는 일반적인 사실을 전제로, 개별적인 사실 '전자레인지'에 적용하여, '나는 전자레인지 사용을 자제하려고 한다.'라는 결론을 이끌어내고 있다. 이는 '연역 논증'에 해당한다. 이처럼 '연역 논증'의 방식이 쓰인 것은 ③이다. '미국 헌법은 미국 시민의 투표권을 보장한다.'라는 일반적인 사실을 전제로, 개별적인 '미국 여성'에 적용하여, '미국 헌법은 미국 여성의 투표권을 보장한다.'라는 결론을 이끌어내고 있기 때문이다.

오답 정리

③을 제외한 나머지는 '귀납 논증' 방식이다.

① 지난 3년간 비가 많이 왔다는 사실을 근거로, 올해 5월에도 그럴 것이라는 결론을 내리고 있다. 개별 사례로부터 결론을 내리고 있다는 점에서 '귀납 논증'이다.

② A가게에서 샀던 사과가 신선했다는 다섯 번의 경험을 근거로, 그 가게의 사과가 대체로 그럴 것이라고 결론을 내리고 있다. 개별 사례로부터 결론을 내리고 있다는 점에서 '귀납 논증'이다.

④ 개별적 사실들을 바탕으로 '문화는 우리 생활 구석구석에 스며들어 있다.'라는 결론을 내리고 있다. 개별 사례로부터 결론을 내리고 있다는 점에서 '귀납 논증'이다.

01 다음 중 '연역 논증'의 사례를 모두 골라 묶은 것은?

> ㄱ. 모든 한국인은 김치를 좋아한다. A는 한국인이다. 그러므로 A는 김치를 좋아할 것이다.
>
> ㄴ. 지금까지 해가 서쪽에서 뜬 적은 없었다. 따라서 내일도 해는 서쪽에서 뜨지 않을 것이다.
>
> ㄷ. 올림픽대회와 세계선수권대회 모두에서 우승한 사람만이 유도의 일인자이다. 그런데 철수는 올림픽대회에서 우승하지 못했다. 따라서 그는 유도의 일인자는 아니다.

① ㄱ

② ㄱ, ㄷ

③ ㄴ, ㄷ

④ ㄱ, ㄴ, ㄷ

01

정답 설명

② 일반적인 원리를 전제로 개별적인 경우를 추론하는 방법을 '연역 논증'이라고 한다. 제시된 사례 중 '연역 논증'에 해당하는 것은 ㄱ과 ㄷ이다.

- ㄱ. 일반적인 원리 '모든 한국인은 김치를 좋아한다.'를 제시한 후, 전건인 'A는 한국인이다.'를 긍정함으로써, 'A는 김치를 좋아할 것이다.'라는 결론을 내리고 있다. 일반적인 원리에서 개별 사례를 추론해 냈다는 점에서 '연역 논증'에 해당한다.
- ㄷ. '올림픽∧세계선수권 → 유도의 일인자'인데, 전건의 두 조건 중 하나를 충족하지 못했기 때문에 '그는 유도의 일인자는 아니다.'라고 결론을 내리고 있다. 일반적인 원리에서 개별 사례를 추론해 냈다는 점에서 '연역 논증'에 해당한다.

오답 정리

ㄴ. 지금까지 해가 서쪽에서 뜬 적이 없다는 사례들을 근거로, 내일도 해가 서쪽에서 뜨지 않을 것이라는 결론을 내리고 있다. 개별 사례에서 결론을 추론하고 있다는 점에서 '귀납 논증'의 사례이다.

혜원쌤의 노하우

'연역'과 '귀납'은 전제가 참일 경우 결론을 지지하는 추론의 강도가 다르다. '연역 논증'은 전제가 참일 때, 결론도 참일 수밖에 없다. 반면, '귀납 논증'은 전제가 참이더라도, 결론이 참일 수도 있고 아닐 수도 있다. 즉 '개연성'의 논증이다. 따라서 어렵게 출제된다면, 발문에 지지 강도가 유사한 것을 고르라는 식으로 제시될 수도 있다.

02 다음 중 '귀납 논증'의 사례로 적절하지 않은 것은?

① 물과 공기가 있는 지구에는 생명체가 존재한다. 마찬가지로 화성에도 공기가 있고 물의 흔적이 발견되었다. 따라서 화성에도 생물이 존재할 것이다.

② 마라톤은 처음에 앞서서 달리는 것보다는 끝까지 꾸준히 달리는 것이 중요하다. 이처럼 인생도 한때 뒤처지더라도 끝까지 최선을 다하는 것이 중요하다.

③ 조선 시대의 민화 중에는 호랑이를 그린 것이 많다. 조선 시대의 소설에도 호랑이가 자주 등장한다. 이로 보아 조선 시대의 사람들은 호랑이를 좋아했을 것이다.

④ 오늘날 인간은 모두 법에 따라 생활하고 있는데, 현실적으로 사람을 죽인 자가 벌을 받지 않고 살아남을 도리는 없다. 그렇다면 나는 어떤 법에 의해 처벌되어야 하는가의 문제가 남아 있는데, 이에 대해 나는 한국의 의병이며 지금은 적군의 포로가 되어 있으니 당연히 만국 공법에 의해 처리되어야 할 것이라고 생각한다.

02

정답 설명

④ '귀납 논증'은 구체적이고 개별적인 사실에서 일반적인 원리를 도출해 내는 추론 방법이다. 그런데 ④는 오늘날 인간은 모두 법에 따라 생활하고 있는데 현실적으로 사람을 죽인 자가 벌을 받지 않고 살아남을 도리는 없다는 대전제로부터 그렇다면 (이토를 죽인) 자신은 어떤 법에 의해 처벌되어야 하는가라는 문제, 즉 소전제를 제시한 후 자신은 한국의 의병이며 적군의 포로이기 때문에 당연히 만국 공법에 의해 처리되어야 한다는 결론을 이끌어 내고 있는 연역적 논증 방식을 취하고 있다. 따라서 '귀납 논증'의 사례로 적절하지 않다.

*④는 1910년 2월 12일 안중근 의사의 일본 법정 최후 진술의 일부이다.

오답 정리

①, ② 두 개의 사물이 여러 면에서 유사하다는 것을 근거로 하여 다른 속성도 유사할 것이라는 결론을 이끌어 내는 유비 추리에 의한 논증 방식을 취하고 있다.

* 유추도 귀납에 속한다.

③ 구체적 사례나 사실을 전제로 하여 보편적인 법칙이나 원칙을 결론으로 이끌어 내는 귀납적 논증 방식을 취하고 있다.

1회독
2회독
3회독

대표 문제

(가)와 (나)에 들어갈 말로 가장 적절한 것은?

2022년 지방직 7급

A는 다음과 같은 실험을 진행했다. 먼저, 검은색 옷과 흰색 옷을 입은 6명이 두 개의 농구공을 가지고 패스를 주고받는 동안 고릴라 복장의 사람을 지나가게 하고 그 장면을 동영상으로 촬영했다. 그리고 실험 참가자들에게 이 동영상을 보여 주면서 흰색 옷을 입은 사람들이 몇 번 패스를 주고받았는지 세어 달라고 요청했다. 이에 대해 참가자들은 패스 횟수에 대해서는 각자의 답을 말했는데, 동영상 중간 중간에 출현한 고릴라 복장의 사람에 대해서는 하나같이 보지 못했다고 답했다. 참가자들이 패스 횟수를 세는 데 집중하느라 1분이 채 안 되는 동영상 가운데 9초에 걸쳐 등장하는 고릴라 복장의 사람을 인지하지 못한 것이다. A는 이 실험을 통해 다음의 결론을 도출했다. ⎡ (가) ⎤.

이 실험 결과를 우리의 일상에서도 확인해 볼 수 있다. 오토바이 운전자의 안전을 위해 눈에 잘 띄는 밝은색 옷을 입도록 권하는데, 밝은색 옷의 오토바이 운전자는 시각적으로 더 잘 보이고, 덕분에 더 쉽게 알아볼 수 있기 때문이다. 그렇다고 해도 모든 자동차 운전자가 밝은색 옷을 입은 오토바이 운전자를 다 알아보는 것은 아니다. 바라보는 행위는 인지의 ⎡ (나) ⎤ 없기 때문이다.

① (가): 인간의 인지는 시각과 밀접하게 관련되어 있다.
　　(나): 충분조건일 수는 있어도 필요조건일 수는

② (가): 인간의 인지는 시각과 밀접하게 관련되어 있다.
　　(나): 필요조건일 수는 있어도 충분조건일 수는

③ (가): 인간은 중요하다고 생각하는 것 위주로 주의를 기울인다.
　　(나): 충분조건일 수는 있어도 필요조건일 수는

④ (가): 인간은 중요하다고 생각하는 것 위주로 주의를 기울인다.
　　(나): 필요조건일 수는 있어도 충분조건일 수는

정답 설명

④	(가)	실험은 '패스 횟수'에 주의를 기울인 나머지, 고릴라 복장의 사람을 인지하지 못했다는 내용이다. 따라서 (가)에는 '인간은 중요하다고 생각하는 것 위주로 주의를 기울인다.'가 어울린다.
	(나)	(나)에는 "밝은색 옷의 오토바이 운전자는 시각적으로 더 잘 보이고, 덕분에 더 쉽게 알아볼 수 있기 때문이다. 그렇다고 해도 모든 자동차 운전자가 밝은색 옷을 입은 오토바이 운전자를 다 알아보는 것은 아니다."에 해당하는 내용이 들어가야 한다. 밝은색 옷을 입은 운전자가 눈에 더 잘 띌 수 있다는 것이기 때문에 '필요조건'일 수는 있다. 그러나 항상 그런 것이 아니기 때문에 '충분조건'은 되지 못한다. 따라서 (나)에는 '필요조건일 수는 있어도 충분조건일 수는'이 어울린다.

01 ⊙과 ⓒ에 들어갈 말이 바르게 짝 지어진 것은?

> A: 개인은 자신과 특별히 관계되는 것에 대해 권리를 지닌다. 누구의 행동이든 다른 사람의 권리를 침해하면, 그 것은 규제의 대상이 된다. 다시 말해 어떤 행동이 타인의 권리를 침해한다는 사실은 그 행동이 규제의 대상 이 될 수 있는 [⊙] 조건이 된다.
>
> B: 개인의 행동이 다른 사람의 권리를 전혀 침해하지 않는다면 그것은 규제의 대상이 될 수 없다. 바꾸어 말해 어 떤 사람의 행동이 타인의 권리를 침해할 경우에만, 그것은 규제의 대상이 될 수 있다. 즉 어떤 행동이 타인의 권리를 침해한다는 사실은 그 행동이 규제의 대상이 되기 위한 [ⓒ] 조건이 된다.

	⊙	ⓒ
①	충분	필요
②	충분	필요충분
③	필요	충분
④	필요충분	필요

01

정답 설명

① ⊙ '누구의 행동이든 다른 사람의 권리를 침해하면, 그것은 규제의 대상이 된다.'는 '타인의 권리를 침해 → 규제의 대상'으로 나타낼 수 있다. 'p → q'가 성 립할 때, p는 q의 충분조건이고, q는 p의 필요조건이다. 따라서 타인의 권리를 침해한다는 사실은 그 행동이 규제의 대상이 될 수 있는 '충분'조건이다.

ⓒ '개인의 행동이 다른 사람의 권리를 전혀 침해하지 않는다면 그것은 규제의 대상이 될 수 없다.'는 '~타인의 권리를 침해 → ~규제의 대상'으로 나타낼 수 있다. 이에 대한 대우는 '규제의 대상 → 타인의 권리를 침해'이다. 'p → q'가 성립할 때, p는 q의 충분조건이고, q는 p의 필요조건이다. 따라서 어떤 행동이 타인의 권리를 침해한다는 사실은 그 행동이 규제의 대상이 되기 위한 '필요'조건이다.

헤원쌤의 노하우

'p → q'가 성립할 때, p는 q의 충분조건이고, q는 p의 필요조건이다.

국가의 정체(政體)를 규명할 때 공화정과 민주제를 혼동하지 않으려면 다음 두 가지를 구분해야 한다. 첫째, 국가의 최고 권력을 갖고 있는 통치자, 다시 말해 주권자가 누구인가? 둘째, 국가의 최고 권력이 실행되는 방식이 무엇인가? 첫 번째 질문에 대한 답으로 세 가지 정체만을 말할 수 있다. 통치자가 단 한 명인 군주제, 일부 특정 소수가 통치자인 귀족제, 모든 사람이 통치자인 민주제이다. 두 번째 질문에 대한 답으로 정부의 두 가지 형태만을 말할 수 있다. 공화정과 전제정이다. 공화정에서는 입법부에서 정부의 집행권(행정권)이 분리된다. 전제정에서는 정부가 법률을 제정할 뿐만 아니라 그것을 독단적으로 집행한다. 전제정은 공적 의지에 따른 행정이지만, 사실상 통치자의 개인적 의지와 동일하다. 민주제는 '민주(民主)'라는 그 의미에서 알 수 있듯이 필연적으로 전제정이다. 민주제에서는 설사 반대의견을 가진 개인이 존재하더라도, 형식상 그 반대자를 포함한 국민 전체가 법률을 제정하여 집행하기 때문이다. 이 경우 국민 전체는 실제로 전체가 아니라 단지 다수일 뿐이다.

대의(代議) 제도를 따르지 않은 어떤 형태의 정부도 진정한 정체라 말할 수 없다. 군주제와 귀족제는 통치 방식이 기본적으로 대의적이지는 않지만, 대의 제도에 부합하는 통치 방식을 따를 수 있는 여지가 있다. 그러나 민주제에서는 대의 제도가 실현되기 어렵다. 왜냐하면 민주제에서는 국민 모두가 통치자이기를 바라기 때문이다. 한 국가의 통치자의 수가 적으면 적을수록 그리고 그들이 국민을 실제로 대표하면 할수록 그 국가의 정부는 공화정에 접근할 수 있다. 그리고 점진적 개혁에 의해 공화정에 근접할 것으로 기대할 수도 있다. 이런 이유로 완벽하게 합법적 정체인 공화정에 도달하는 것이 군주제보다는 귀족제에서 더 어려우며 민주제에서는 폭력 혁명이 아니면 도달하는 것이 불가능하다.

국민에게는 통치 방식이 매우 중요하다. 정부의 형태가 진정한 정체가 되려면 대의 제도를 실현해야 하고 그 제도를 통해서만 공화정이 가능하다. 대의 제도가 없는 정부의 형태는 전제정이나 폭정이 된다. 고대의 어떤 공화정도 대의 제도의 의의를 알지 못했고, 따라서 필연적으로 한 개인이 권력을 독점하는 절대적 전제주의가 되었다.

<보기>
ㄱ. 민주제는 반드시 전제정이 될 수밖에 없다.
ㄴ. 대의 제도는 공화정이 되기 위한 충분조건이다.
ㄷ. 입법부에서 정부의 집행권이 분리되는가의 여부에 따라 공화정과 전제정을 구분할 수 있다.

① ㄱ   ② ㄱ, ㄷ

③ ㄴ, ㄷ   ④ ㄱ, ㄴ, ㄷ

02

정답 설명

② ㄱ. 1문단에서 "민주제는 '민주(民主)'라는 그 의미에서 알 수 있듯이 필연적으로 전제정이다."라고 하였다. 따라서 민주제는 반드시 전제정이 될 수밖에 없다는 이해는 옳다.

ㄷ. 1문단에서 "공화정과 전제정이다. 공화정에서는 입법부에서 정부의 집행권(행정권)이 분리된다. 전제정에서는 정부가 법률을 제정할 뿐만 아니라 그것을 독단적으로 집행한다."라고 하였다. 따라서 집행권의 분리 여부에 따라 둘을 구분할 수 있다.

오답 정리

ㄴ. 3문단에서 "정부의 형태가 진정한 정체가 되려면 대의 제도를 실현해야 하고 그 제도를 통해서만 공화정이 가능하다."라고 하였다. 이를 기호로 나타내면 '대의 제도 → 공화정'이 된다. 즉 대의 제도는 공화정이 되기 위한 '필요조건'이고, 공화정은 대의 제도가 되기 위한 '충분조건'이다. 따라서 '대의 제도는 공화정이 되기 위한 충분조건이다.'라는 이해는 적절하지 않다. '필요조건'이라고 해야 옳은 이해이다.

대표 문제

다음 글의 논지를 강화하는 것으로 가장 적절한 것은?

2025년 국가직 9급

> A국은 도시 이외 지역의 초중고 교사가 부족하다. 이 상황을 심각하게 받아들인 A국 정부는 도시 이외 지역의 교사 충원율을 높이기 위해, 도시 이외 지역의 교사 연봉을 10% 인상하고 교사 양성 프로그램을 확대하는 정책을 제시했다. 하지만 이 정책은 근본적인 해결책이 되기 어렵다. 문제를 해결하기 위해서는, 단기간에 교사의 수를 늘리거나 교사의 연봉을 인상하기보다는 도시 이외의 지역에서 근무할 수 있는 충분한 교육 환경과 사회 기반 시설을 확보하는 것이 급선무이다. 현직 교사들뿐 아니라 교사를 지망하는 대학 졸업 예정자들 다수는 교육 환경과 사회 기반 시설이 열악한 도시 이외의 지역에서 일하기를 꺼리기 때문이다.

① A국은 정부의 교육 예산이 풍부해서 도시 이외 지역의 교육 환경과 도시의 교육 환경에 별 차이가 없다는 것이 밝혀졌다.

② A국에서 도시 이외의 지역에 근무하던 사회 초년생들이 연봉을 낮추어서라도 도시로 이직한 주된 이유는 교통 시설의 부족으로 밝혀졌다.

③ A국과 유사한 상황이었던 B국에서는 교사 연봉을 5% 인상한 후, 도시 이외 지역의 학생 1인당 교사 비율이 크게 증가했다.

④ A국과 유사한 상황이었던 C국에서는 교사 양성 프로그램을 확대한 이후에 도시뿐 아니라 도시 이외의 지역에서 교사의 수가 크게 증가했다.

정답 설명

② 글쓴이는 "문제를 해결하기 위해서는 ~ 도시 이외의 지역에서 근무할 수 있는 '충분한 교육 환경'과 '사회 기반 시설'을 확보하는 것이 급선무이다."라고 하였다. 따라서 ②에서처럼 도시로 이직의 주된 이유가 사회 '교통 시설의 부족' 즉 〈사회 기반 시설〉의 부족 때문이라면 도시 이외의 지역의 근무 여건을 위해 〈사회 기반 시설을 확보〉하라는 글쓴이의 주장과 일치하는 것으로 글의 논지를 강화하는 근거가 될 수 있다.

오답 정리

제시된 글에서는 도시 이외 지역의 교사 충원율을 높이는 것은 '연봉과 양성 프로그램'이 아니라, '충분한 교육 환경과 사회 기반 시설 확보'라고 하였으므로 '연봉과 양성 프로그램'을 말하면 불일치 즉 (주장) 약화의 근거가 되고, '충분한 교육 환경과 사회 기반 시설 확보'를 주장하면 제시된 글과 일치 즉 (주장) 강화의 근거가 된다.

① 도시 이외 지역의 교육 환경과 도시의 교육 환경에 별 차이가 없다는 것이 밝혀졌다면, 제시된 글에서 주장하고 있는 것과 반대로 충원율의 초점이 '교육 환경이 아니다.'의 뜻이 되므로 제시된 주장과 불일치가 된다. 따라서 글의 주장은 약화될 것이다.

③ 글쓴이는 교사의 연봉 인상은 문제 해결에 도움이 되지 않는다고 하였다. 그런데 선택지는 연봉 인상 후 교사의 비율이 증가하였다고 했으므로 제시된 글의 내용과 불일치이고, 글의 주장은 약화될 것이다.

④ 글쓴이는 '교사 양성 프로그램을 확대하는 정책'이 근본적인 해결책이 되기 어렵다는 입장이다. 그런데 선택지의 경우 교사 양성 프로그램을 확대한 이후에 도시뿐 아니라 도시 이외의 지역에서 교사의 수가 크게 증가했다고 하였으므로 제시된 내용과 불일치이고, 글쓴이의 주장은 약화될 것이다.

혜원쌤의 노하우

'강화, 약화' 문제의 중요한 포인트는 제시된 글의 '주장'을 아는 것이다. 주장과 일치하면 강화의 근거가 되고, 불일치하면 약화의 근거가 된다.

01 <보기>는 글에 대한 평가이다. ㉠~㉢에 들어갈 말이 바르게 짝 지어진 것은? 2012년 국가직 5급 변형

> 김 과장은 아들 철수가 최근 출시된 '디아별로' 게임에 몰두한 나머지 학업을 소홀히 하고 있다는 것을 알았다. 그러던 중 컴퓨터 게임과 학업 성적에 대한 다음과 같은 연구 결과를 접하게 되었다. 그 연구 결과에 의하면, 하루 1시간 이내로 게임을 하는 아이들은 1시간 이상 게임을 하는 아이들보다 성적이 높았고 상위권에 속했으나, 하루 1시간 이상 게임을 하는 아이들의 경우 게임을 더 오래 하는 아이들이 성적이 더 낮은 것으로 나타났다. 연구 보고서는 아이들이 게임을 하는 시간을 부모가 1시간 이내로 통제한다면, 아이들의 학교 성적이 상위권에서 유지될 것이라고 결론을 내리고 있다.

> **<보기>**
>
> ㉠ 아이들의 게임 시간을 하루 1시간 이상으로 늘려도 성적에 변화가 없었다면, 이는 윗글의 결론을 [   ]
>
> ㉡ 평균 이하의 성적을 보이는 아이들이 대부분 하루에 3시간 이상씩 게임을 하였다면, 이는 윗글의 결론을 [   ]
>
> ㉢ 게임을 하는 시간보다 책 읽는 시간이 더 많은 아이들이 그렇지 않은 아이들보다 성적이 더 높았다면, 이는 윗글의 결론을 [   ]

	㉠	㉡	㉢
①	강화한다.	강화한다.	강화한다.
②	강화한다.	강화한다.	약화한다.
③	약화한다.	강화한다.	강화도 약화도 하지 않는다.
④	약화한다.	강화도 약화도 하지 않는다.	강화도 약화도 하지 않는다.

01

정답 설명

③ ㉠ 1시간 이상 게임을 하는 경우 게임을 더 오래 하는 아이들의 성적이 더 낮아야 한다. 그러나 아이들의 게임 시간을 하루 1시간 이상으로 늘려도 성적에 변화가 없었다는 것은 이와는 상반되는 내용이다. 따라서 결론을 '약화'하게 된다.

㉡ 하루에 1시간 이상 게임을 하는 경우 게임을 더 오래 하는 아이들의 성적이 더 낮다고 하였다. 그런데 평균 이하의 성적을 보이는 아이들이 대부분 하루에 3시간 이상씩 게임을 하였다면 이 결론을 논리적으로 지지하는 것이 되므로 결론을 '강화'하게 된다.

㉢ 책 읽는 시간은 제시된 논증과 무관하다. 따라서 게임을 하는 시간보다 책 읽는 시간이 더 많은 아이들이 그렇지 않은 아이들보다 성적이 더 높았다는 진술이 추가된다고 해도 결론이 '강화'되거나 '약화'되지 않는다.

> 집단 내지 국가의 청렴도를 평가하는 잣대로 종종 공공 물품을 사적으로 사용하는 정도가 활용된다. 이와 관련하여 M시의 경우 회사원들이 사내용 물품을 개인적인 용도로 사용하는 정도가 꽤 높은 것으로 밝혀졌다. 이는 M시의 대표적 회사 A에서 직원 200명을 대상으로 회사물품을 사적인 용도로 사용한 적이 있는지를 설문조사해 본 결과에 따른 것이다. 조사 결과 '늘 그랬다'는 직원은 5%, '종종 그랬다'는 직원은 15%, '가끔 그랬다'는 직원은 35%, '어쩌다 한두 번 그랬다'는 직원은 25%, '전혀 그런 적이 없다'는 직원은 10%, 응답을 거부한 직원은 10%였다. 설문조사에 응한 직원들 중에서 가끔이라도 사용한 적이 있다고 답한 직원의 비율이 절반을 넘었다. 따라서 M시의 회사원들은 낮은 청렴도를 가졌다고 평가할 수 있다.

<보기>
ㄱ. 설문조사에 응한 회사 A의 직원들 중 회사물품에 대한 사적 사용 정도를 실제보다 축소하여 답한 직원들이 많다는 사실은 위 논증의 결론을 강화한다.
ㄴ. M시에 있는 또 다른 대표적 회사 B에서 동일한 설문조사를 했는데 회사 A에서와 거의 비슷한 결과가 나왔다는 사실은 위 논증의 결론을 강화한다.
ㄷ. M시에 있는 대부분의 회사들에 비해 회사 A의 직원들이 회사물품을 사적으로 사용한 정도가 심했던 것으로 밝혀졌다는 사실은 위 논증의 결론을 약화한다.

① ㄱ ② ㄱ, ㄴ
③ ㄴ, ㄷ ④ ㄱ, ㄴ, ㄷ

02

정답 설명

④ ㄱ. 회사 A의 직원들의 설문조사 결과가 실제보다 축소된 것이라면 실제는 회사 A의 청렴도가 더 낮다는 것을 의미한다. 또한 회사 A는 M시의 대표적인 기업이므로 이와 같은 사실은 M시의 청렴도가 낮다는 결론을 '강화'할 것이다.

　　ㄴ. 회사 A뿐만 아니라 회사 B에서도 동일한 설문 결과가 나왔다면 주어진 결론을 보다 더 일반화할 수 있으므로 결론을 '강화'할 것이다.

　　ㄷ. 'M시에 있는 대부분의 회사들에 비해 회사 A의 직원들이 회사물품을 사적으로 사용한 정도가 심했던 것으로 밝혀졌다는 사실'은 결국 회사 A의 결과가 예외적인 현상이라는 것을 의미한다. 이는 결국 이에 근거하여 결론처럼 일반화하는 것은 무리가 있다는 것을 의미한다. 따라서 논증의 결론을 '약화'할 것이다.

03 다음 논증에 대한 평가로 적절한 것을 <보기>에서 모두 고르면?

원두커피 한 잔에는 인스턴트커피의 세 배인 150mg의 카페인이 들어있다. 원두커피 판매의 요체인 커피전문점 수는 2012년 현재 9천 4백여 개로 최근 5년 새 여섯 배나 급증했다. 그런데 같은 기간 동안 우울증과 같은 정신질환과 수면장애로 병원을 찾은 사람 또한 크게 늘었다.

몸속에 들어온 커피가 완전히 대사되기까지는 여덟 시간 정도가 걸린다. 많은 사람들이 아침, 점심뿐만 아니라 저녁 식사 후 6시나 7시 전후에도 커피를 마신다. 그런데 카페인은 뇌를 각성시켜 집중력을 높인다. 따라서 많은 사람들이 잠자리에 드는 시간인 오후 10시 이후까지도 뇌는 각성 상태에 있다.

카페인은 우울증이나 공황장애와도 관련이 있다. 우울증을 앓고 있는 청소년은 건강한 청소년보다 커피, 콜라 등 카페인이 많은 음료를 네 배 정도 더 섭취했다. 공황장애 환자에게 원두커피 세 잔에 해당하는 450mg의 카페인을 주사했더니 약 60%의 환자로부터 발작 현상이 나타났다. 공황장애 환자는 심장이 빨리 뛰면 극도의 공포감을 느끼기 쉬운데, 이로 인해 발작 현상이 나타난다. 카페인은 심장을 자극하여 심박수를 증가시킨다.

이러한 사실에 비추어 볼 때, 커피에 들어있는 카페인은 수면장애를 일으키고, 특히 정신질환자의 우울증이나 공황장애를 악화시킨다고 볼 수 있다.

<보기>

ㄱ. 수면장애로 병원을 찾은 사람들이 커피를 마시지 않는다는 사실이 밝혀질 경우, 위 논증의 결론은 강화되지 않는다.

ㄴ. 건강한 청소년은 섭취하지 않는 무카페인 음료를 우울증을 앓고 있는 청소년이 많이 섭취하는 것으로 밝혀질 경우, 위 논증의 결론은 강화된다.

ㄷ. 발작 현상이 공포감과 무관하다는 사실이 밝혀질 경우, 위 논증의 결론은 강화된다.

① ㄱ
② ㄷ
③ ㄱ, ㄴ
④ ㄱ, ㄴ, ㄷ

03

정답 설명

① ㄱ. 제시된 글에서는 "커피에 들어있는 카페인은 수면장애를 일으키고, 특히 정신질환자의 우울증이나 공황장애를 악화시킨다고 볼 수 있다."라고 하였다. 그런데 만약에 수면장애로 병원을 찾은 사람들이 커피를 마시지 않는다는 사실이 밝혀진다면, "커피에 들어있는 카페인은 수면장애를 일으키고"라는 논증을 약화시킬 것이다. 따라서 수면장애로 병원을 찾은 사람들이 커피를 마시지 않는다는 사실이 밝혀질 경우, 결론이 강화되지 않는다는 평가는 적절하다.

오답 정리

ㄴ. 제시된 글의 "카페인은 ~ 우울증 ~ 악화시킨다고 볼 수 있다." 부분을 볼 때, 논증에서는 카페인이 우울증을 악화시킨다고 하였다. 따라서 무카페인 음료를 많이 섭취하는 것이 우울증의 원인이라는 사실이 밝혀진다면 이는 논증을 강화시키지는 않는다. 따라서 결론이 '강화'된다는 평가는 적절하지 않다.

ㄷ. 4문단에서 "공황장애 환자는 심장이 빨리 뛰면 극도의 공포감을 느끼기 쉬운데, 이로 인해 발작 현상이 나타난다. 카페인은 심장을 자극하여 심박수를 증가시킨다."라고 하였다. 즉 공황장애 환자는 심장이 빨리 뛰면 극도의 공포감을 느끼기 쉬운데, 이로 인해 발작 현상이 일어난다고 하였다. 이를 통해 카페인이 공황장애를 악화시킨다고 하였다. 그런데 발작 현상과 공포감이 무관하다면 논증의 전제가 흔들리게 되는 것이므로 논증을 약화시킨다고 볼 수 있다. 따라서 결론이 '강화'된다는 평가는 적절하지 않다.

어떤 집단의 특성을 드러내고, 집단들 사이의 특성을 비교하기 위해 흔히 사용되고 있는 것이 평균값이다. 이는 우리가 일상적으로 '평균 연령', '평균 신장', '평균 점수' 등의 용어를 자주 사용하고 있는 데에서 잘 드러난다. 예를 들어 우리는 어떤 지역 사람들의 평균 수명이 다른 지역 사람들의 평균 수명보다 월등하게 높다는 것을 이유로 '장수마을'이라는 명칭을 붙이기도 하고, 이 지역 사람들은 대체로 오래 살 것이라 생각한다. 이렇게 평균값을 사용하여 어떤 집단의 특성을 드러내는 것은 편리하고 유용한 방식이라고 할 수 있다. 그러나 ㉠ 어떤 속성에 대한 평균값만으로 그 속성에 관한 집단의 실상을 드러내는 데에는 한계가 있다.

<보기>

ㄱ. A지역의 평균 소득은 매우 높지만, 그 지역 사람들 대부분은 빈곤하다.

ㄴ. B지역 사람들의 평균 수명은 짧지만, C지역 사람들의 평균 수명은 그렇지 않다.

ㄷ. D지역의 평균 기온은 25도 내외지만, 그 지역 사람들 대부분은 수영을 하지 못한다.

① ㄱ

② ㄱ, ㄴ

③ ㄴ, ㄷ

④ ㄱ, ㄴ, ㄷ

04

정답 설명

① ㄱ. ㉠에서는 주어진 속성에 대한 평균값은 그 속성에 대한 집단의 실상을 드러내는 데 한계가 있다고 하였다. ㉠을 강화하기 위해서는 한계가 있음을 잘 보여주는 사례를 보이는 것이 가장 적절하다. A지역의 평균 소득은 매우 높지만, 그 지역 사람들 대부분은 빈곤하다는 사례는 평균값이 A지역 소득의 실상을 나타내는 데 한계가 있음을 잘 보여주고 있다. 따라서 ㉠의 주장을 강화하는 사례로 적절하다.

오답 정리

ㄴ. B지역과 C지역, 즉 서로 다른 집단이다. 따라서 ㉠과는 관련이 없는 내용이기 때문에, ㉠을 강화하는 사례로 적절하지 않다.

ㄷ. 기온과 수영 가능 여부를 비교하고 있다. 따라서 ㉠에는 아무런 영향을 주지 못하기 때문에, ㉠을 강화하는 사례로 적절하지 않다.

고대사회를 정의하는 기준 중의 하나로 '생계경제'가 사용되곤 한다. 생계경제 사회란 구성원들이 겨우 먹고 살 수 있는 정도의 식량만을 확보하고 있어서 식량자원이 줄어들게 되면 자동적으로 구성원 전부를 먹여 살릴 수 없게 되고, 심하지 않은 가뭄이나 홍수 등의 자연재해에 의해서도 유지가 어렵게 될 수 있는 사회를 의미한다. 그러므로 고대사회에서의 삶은 근근이 버텨가는 것이고, 그 생활은 기아와의 끊임없는 투쟁이다. 왜냐하면 그 사회에서는 기술적인 결함과 그 이상의 문화적인 결함으로 인해 잉여 식량을 생산할 수 없기 때문이다.

고대사회에 대한 이러한 견해보다 더 뿌리 깊은 오해도 없다. 소위 생계경제의 성격을 지닌 것으로 간주되는 많은 고대사회들, 예를 들어 남아메리카에서는 종종 공동체의 연간 필요 소비량에 맞먹는 잉여 식량을 생산했다는 점에 주의를 기울일 필요가 있다. 기아와의 끊임없는 투쟁을 의미하는 생계경제가 고대사회를 특징짓는 개념이라면 오히려 프롤레타리아가 기아에 허덕이던 19세기 유럽사회야말로 고대사회라고 할 수 있을 것이다. 사실상 생계경제라는 개념은 서구의 근대적인 이데올로기의 영역에 속하는 것으로 결코 과학적 개념도구가 아니다. 민족학을 위시한 근대과학이 이토록 터무니없는 기만에 희생되어 왔다는 것은 역설적이며, 더군다나 산업 국가들이 이른바 저발전 세계에 대한 전략의 방향을 잡는 데 기여했다는 사실은 두렵기까지 하다.

<보기>
ㄱ. 산업사회로 이행하면서 경제적 잉여가 발생하였고 계급이 형성되었다는 사실은 논지를 강화한다.
ㄴ. 자연재해나 전쟁으로 인해 고대사회는 항상 불안정한 상황에 처해 있었다는 사실은 논지를 약화한다.
ㄷ. 고대사회에서 존재하였던 축제는 경제적인 잉여를 해소하는 기제로 작용했다는 사실은 논지를 강화한다.

① ㄱ
② ㄷ
③ ㄱ, ㄷ
④ ㄴ, ㄷ

05

정답 설명

④ ㄴ. 제시된 글은 고대사회를 생계경제로 규정짓는 것에 반대하는 입장이다. 자연재해나 전쟁으로 인해 사회가 불안정한 상황에 놓이는 것은 생계경제의 한 측면이다. 따라서 자연재해나 전쟁으로 인해 고대사회는 항상 불안정한 상황에 처해 있었다는 사실은 논지를 '약화'한다.

　ㄷ. 제시된 글은 고대사회를 생계경제로 규정짓는 것에 반대하는 입장이다. 따라서 글의 입장을 강화하기 위해서는 생계경제 상태가 아니었다는 내용이 필요하다. 고대사회에서 존재하였던 축제는 경제적인 잉여를 해소하는 기제로 작용했다는 사실은 이와 연결되는 내용이므로, 논지를 '강화'한다.

오답 정리

ㄱ. 제시된 글은 고대 남아메리카의 예를 들면서 고대에도 경제적 잉여가 발생했다는 입장이다. 그런데 ㄱ은 산업사회에 들어와서야 경제적 빈곤 상태에서 벗어났다는 내용이다. 따라서 ㄱ은 글의 논지를 '강화'하는 게 아니라 '약화'한다고 볼 수 있다.

인간 본성은 기나긴 진화 과정의 결과로 생긴 복잡한 전체다. 여기서 '복잡한 전체'란 그 전체가 단순한 부분들의 합보다 더 크다는 의미이다. 인간을 인간답게 만드는 것, 즉 인간에게 존엄성을 부여하는 것은 인간이 갖고 있는 개별적인 요소들이 아니라 이것들이 모여 만들어내는 복잡한 전체이다. 또한 인간 본성이라는 복잡한 전체를 구성하고 있는 하부 체계들은 상호 간에 극단적으로 밀접하게 연관되어 있다. 따라서 그중 일부라도 인위적으로 변경하면, 이는 불가피하게 전체의 통일성을 무너지게 한다. 이 때문에 과학기술을 이용해 인간 본성을 인위적으로 변경하여 지금의 인간을 보다 향상된 인간으로 만들려는 시도는 금지되어야 한다. 이런 시도를 하는 사람들은 인간이 가져야 할 훌륭함이 무엇인지 스스로 잘 안다고 생각하며, 거기에 부합하지 않는 특성들을 선택해 이를 개선하고자 한다. 그러나 인간 본성의 '좋은' 특성은 '나쁜' 특성과 밀접하게 연결되어 있기 때문에, 후자를 개선하려는 시도는 전자에 대해서도 영향을 미칠 수밖에 없다. 예를 들어, 우리가 질투심을 느끼지 못한다면 사랑 또한 느끼지 못하게 된다는 것이다. 사랑을 느끼지 못하는 인간들이 살아가는 사회에서 어떤 불행이 펼쳐질지 우리는 가늠조차 할 수 없다. 즉 인간 본성을 선별적으로 개선하려 들면, 복잡한 전체를 무너뜨리는 위험성이 불가피하게 발생하게 된다. 따라서 우리는 인간 본성을 구성하는 어떠한 특성에 대해서도 그것을 인위적으로 개선하려는 시도에 반대해야 한다.

<보기>

ㄱ. 인간 본성은 인간이 갖는 도덕적 지위와 존엄성의 궁극적 근거이다.
ㄴ. 모든 인간은 자신을 포함하여 인간 본성을 지닌 모든 존재가 지금의 상태보다 더 훌륭하게 되길 희망한다.
ㄷ. 인간 본성의 하부 체계는 상호 분리된 모듈들로 구성되어 있기 때문에 인간 본성의 특정 부분을 인위적으로 변경하더라도 그 변화는 모듈 내로 제한된다.

① ㄱ
② ㄷ
③ ㄱ, ㄴ
④ ㄱ, ㄴ, ㄷ

06

정답 설명

② ㄷ. 제시된 글에서 "인간 본성의 '좋은' 특성은 '나쁜' 특성과 밀접하게 연결되어 있기 때문에, 후자를 개선하려는 시도는 전자에 대해서도 영향을 미칠 수밖에 없다."라고 하였다. 이는 글의 가장 중요한 전제이다. 그런데 ㄷ은 제시된 전제와는 반대되는 내용이다. 즉 '좋은' 특성과 '나쁜' 특성이 서로 분리되어 있어 선별적으로 변경하더라도 영향을 끼치지 못한다는 내용이다. 따라서 글의 전제와는 반대되는 내용이기 때문에, 글의 논증을 '약화'할 것이다.

오답 정리

ㄱ. 제시된 글에서 "인간 본성을 선별적으로 개선하려 들면, 복잡한 전체를 무너뜨리는 위험성이 불가피하게 발생하게 된다. 따라서 우리는 인간 본성을 구성하는 어떠한 특성에 대해서도 그것을 인위적으로 개선하려는 시도에 반대해야 한다."라고 하였다. 인간 본성이 인간이 갖는 도덕적 지위와 존엄성의 궁극적 근거이기 때문에 인간 본성을 무너뜨릴 위험성이 있는 시도를 하지 말아야 한다는 것이다. 따라서 ㄱ은 전체 논증을 강화한다고 볼 수 있다.

ㄴ. 인간 본성을 지닌 모든 존재가 지금의 상태보다 더 훌륭하게 되길 희망한다는 것은 제시된 글의 논증과는 직접적인 관계가 없다. 따라서 ㄴ은 논증을 강화하지도 약화하지도 않는다.

PART 4
논리적 오류

 유형 분석

제시된 논리 전개 과정에서 발생한 오류를 찾아내거나, 동일한 오류를 범한 사례를 고르는 유형이다.

유형 정복 비법

1. 유형별 오류에 대한 이론적 지식을 정리한다.

논리적 오류의 개념을 설명한 후, 그에 대한 사례를 묻는 유형이 출제될 수 있다. 따라서 유형별 논리적 오류에 대한 이론적 지식을 정리해 둘 필요가 있다.

2. 가능한 한 사례를 많이 익힌다.

논리적 오류의 개념을 정확하게 아는 것도 중요하지만, 사례에 적용하지 못한다면 말짱 도루묵이다. 또 논리적 오류를 범한 사례를 제시하고, 그와 동일한 오류를 범한 사례를 찾는 유형으로 출제될 수도 있다. 이 경우에는 비록 정확한 오류의 개념을 정확히 설명하지 못한다고 하더라도, 사례를 많이 익혀 두면 동일한 논리적 오류를 범한 것을 찾는 것 자체는 어렵지 않을 것이다. 따라서 각각의 오류에 대한 사례를 가능한 한 많이 익히는 것이 중요하다.

세부 유형

1. 개념 제시 후 사례 찾기
2. 사례 제시 후 동일 사례 찾기

1. 논리적 오류의 개념

언어적 오류	어떤 개념에 대한 언어를 잘못 사용 또는 이해하는 데서 발생하는 오류
자료적 오류	논거로 든 어떤 자료에 대해 잘못 판단하여 결론을 이끌어 내거나, 원래 적합하지 못한 것임을 알면서도 의도적으로 논거로 삼아 범하게 되는 오류
심리적 오류	어떤 논지에 대하여 논리적으로 타당한 근거를 들지 않고 상대방을 심리적으로 설득시키려 할 경우 범하게 되는 오류

2. 논리적 오류의 유형

(1) 언어적 오류

① 애매어의 오류: 두 가지 이상의 의미를 가진 말을, 상황에 맞지 않게 동일한 의미의 말인 것처럼 애매하게 사용할 때 발생하는 오류를 말한다.

> 예 모든 죄인은 감옥에 가야 돼. 그러므로 우리 모두는 감옥에 가야 돼. 목사님께서 인간은 모두 죄인이라고 하셨거든.
>
> *'죄인'의 의미를 상황에 맞지 않게 사용하였다.

② 은밀한 재정의의 오류: 용어의 의미를 자의적으로 정의하여 사용함으로써 생기는 오류를 말한다.

> 예 미친 사람은 정신병원에 보내야 해. 미치지 않고서야 어떻게 교장 선생님께 말대꾸를 할 수 있니? 그러니까 그 녀석은 정신병원으로 보내야 해.
>
> *'미친 사람'의 의미를 자의적으로 사용하였다.

③ 범주의 오류: 단어의 범주를 혼동하는 데서 생기는 오류로, 범주가 다른 단어가 한 범주에 속한다고 생각해서 발생하는 오류를 말한다.

> 예 선생님, 저는 교사보다는 초등학교 선생님이 되고 싶어요.
>
> *'교사'와 '초등학교 선생님'의 범주를 혼동하였다.

④ 강조의 오류: 특정 단어나 구, 또는 문장 등 어느 한 부분을 강조함으로써 발생하는 오류를 말한다.

> 예 (법정 내에서 위증하지 말라는 말에) 법정 밖에서는 위증해도 되나요?
>
> *'법정 내'라는 부분을 강조하였다.

⑤ 모호한 문장의 오류: 문법 구조 때문에 뜻이 모호해짐으로써 발생하는 오류를 말한다.

> 예 귀여운 아이의 옷을 보았다.
>
> *'귀여운'이 수식하는 대상이 '아이'인지, '옷'인지 모호하다.

(2) 자료적 오류

① **성급한 일반화의 오류(= 귀납의 오류):** 제한된 정보, 부적합한 증거, 대표성을 결여한 사례 등을 근거로 이를 성급하게 일반화한 오류를 말한다.

> 예 하나를 보면 열을 안다고, 지금 네가 행동하는 것을 보니 너는 정말 형편없는 애로구나.

> **헤원쌤의 노하우**
>
> **귀납(special→every)**
> 여러 가지 구체적인 사실을 통해 일반적인 주장을 펴는 방법으로, 인과 관계를 확정하는 데 많이 사용된다.
>
> **비교 연역(every→special)**
> 일반적인 사실이나 원리를 전제로 하여 개별적인 사실을 결론으로 이끌어 내는 방법으로, '대전제 – 소전제 – 결론'의 논리 전개 구조를 갖는다.

② **우연과 원칙 혼동의 오류:** 일반적으로 적용되므로 특수한 경우에도 적용될 수 있다고 생각해서 빚어지는 오류를 말한다.

> 예 동물은 본능대로 산다. 사람은 동물이다. 그러므로 사람은 본능대로 산다.

> **헤원쌤의 노하우**
>
> **'성급한 일반화의 오류'와 '우연과 원칙 혼동의 오류' 비교**
> 두 개념을 혼동할 수 있는데, 분명한 차이가 있다. '성급한 일반화의 오류'는 '일부(한정적)' 사례를 보고 '전체'를 속단하는 것이고, '우연과 원칙 혼동의 오류'는 '원칙적(일반적)' 상황과 '특수한' 상황을 구별하지 못하는 것이다.

③ **공통 원인의 오류:** 발생한 두 사건의 공통 원인이 따로 있는데도 어느 한 사건이 다른 사건의 원인이라고 생각하는 오류를 말한다.

> 예 숯이 타서 붉게 변하면 고기가 익는다. 따라서 숯의 붉은색은 고기를 익게 한다.

④ **잘못된 유추의 오류:** 일부분이 비슷하다고 해서 나머지도 비슷할 것이라고 생각하는, 즉 유추를 잘못해서 생기는 오류를 말한다.

> 예 컴퓨터와 사람은 유사한 점이 많다. 그러니 컴퓨터도 사람처럼 감정이 있을 거야.

> **헤원쌤의 노하우**
>
> **유추**
> 범주가 다른 대상 사이의 유사한 특성을 바탕으로 하여 다른 특성도 비슷할 거라 추론하는 방법을 말한다.
> 예 험난한 사막의 어딘가에 오아시스가 있는 것처럼, 힘든 인생에 있어서도 어딘가에는 소중한 친구가 있는 법이다.
> * '유추'는 '귀납 추론'에 속한다.

⑤ **잘못된 인과 관계의 오류:** 전혀 인과 관계가 없는 것을 인과 관계가 있는 것으로 잘못 판단하여 범하는 오류를 말한다.

> 예 넌 경기장에 오지 마라. 네가 경기를 관전하면 우리 팀이 꼭 지잖아.

⑥ **무지에 호소하는 오류:** 어떤 사실을 증명할 수 없거나 알 수 없다는 것을 근거로 그것이 참 혹은 거짓이라고 주장하는 오류를 말한다.

> 예 백 년 뒤에 이 지구가 멸망할 것이라는 제 말이 거짓이라고요? 그렇지 않다면 어디 그렇지 않다는 증거를 대 보세요.

⑦ **의도 확대의 오류:** 의도하지 않은 결과에 대하여 원래는 의도를 갖고 있기 때문에 책임이 있다고 판단하여 생기는 오류를 말한다.

> 예 그 사람이 무단 횡단하는 바람에 그 사람을 피하려던 차가 교통사고를 내서 두 사람이 죽었다. 그 사람은 살인자이다.

⑧ 복합 질문의 오류: 둘 이상으로 나누어야 할 것을 하나로 묶어 질문함으로써, 대답 여하에 관계없이 수긍하고 싶지 않은 사실도 수긍할 수밖에 없는 오류를 말한다.

　예 너 요즘은 담배 안 피우지?

⑨ 순환 논증의 오류(선결 문제 요구의 오류): 주장에 대한 근거가 충분하지 못하여 발생하며, 같은 내용을 되풀이하게 되어 범하는 오류를 말한다.

　* 결론에서 주장하는 바를 근거로 제시하는 경우가 해당된다.

　예 그가 하는 말은 도무지 믿을 수가 없어. 왜냐하면, 그는 믿을 수 없는 말만 하기 때문이야.

⑩ 논점 일탈의 오류: 주장을 뒷받침하기 위해 관계없는 논거를 가져와 제시해서 생기는 오류를 말한다.

　예 이번 시험은 틀림없이 어려울 거야. 왜냐하면 선생님이 항상 수학은 어렵다고 말했기 때문이야.

⑪ 발생학적 오류: 어떤 사실의 기원이 갖는 속성을 그 사실도 그대로 지니고 있다고 잘못 생각하는 오류를 말한다.

　예 부전자전(父傳子傳)이라는 말도 몰라. 그 친구는 직장마다 말썽을 부렸어. 그런 친구의 아들을 채용하다니. 분명히 그 아들도 말썽을 부릴 거야.

⑫ 흑백 사고의 오류: 어떤 집합의 원소가 두 개밖에 없다고 생각하여 이것 아니면 저것이라고 단정적으로 추론하는 오류로 중간 항을 허용하지 않아 생기는 오류를 말한다.

　예 그동안 왜 한 번도 전화를 안 한 거야? 내가 싫어진 거지?

⑬ 합성의 오류(결합의 오류): 개체로서 진실인 것이 다만 그 이유만으로 개체의 집합인 전체에서도 진실이라고 봄으로써 발생하는 오류를 말한다.

　예 A는 국어를 잘한다. B도 국어를 잘한다. A와 B로 구성된 모둠은 국어를 잘할 것이다.

⑭ 분할의 오류(분해의 오류): 어떤 대상에 대하여 집단적으로 진실인 것을 그 부분이나 구성 요소에 대해 그대로 적용함으로써 발생하는 오류를 말한다.

　예 새로 산 냉장고는 무거워. 그러니 냉장고에 들어간 부품의 무게도 모두 무거울 거야.

(3) 심리적 오류

① **군중에 호소하는 오류**: 타당한 근거는 제시하지 않고, 주장을 뒷받침하는 근거로 군중, 즉 많은 사람들을 끌어들이면서 군중 심리를 자극하여 범하는 오류를 말한다.

> 예 이번 주말에는 드라마 <폭싹 속았수다> 보자. 내 주변 사람들 모두 이미 다 봤다더라.

② **동정에 호소하는 오류**: 상대방의 동정심이나 연민의 정을 유발하여 자신의 주장을 정당화하려는 오류를 말한다.

> 예 (음주 운전 단속에 걸린 상황) 오늘 일이 너무 힘들어서 한 잔 했어요. 저는 운전으로 밥 빌어먹고 살아요. 만약 운전면허가 취소되면 저희 가족은 살아갈 수가 없어요. 저희 가족들은 길바닥에 나앉아야 할 거예요. 제발 이번 한 번만 눈 감아 주세요.

③ **공포(위력)에 호소하는 오류**: 자신이 가진 힘이나 위력을 행사하여 상대방이 자신의 주장을 받아들이게 하여 범하는 오류를 말한다.

> 예 떠들지 마! 시끄럽게 떠들면 죽어!

④ **유머(쾌락)에 호소하는 오류**: 상대방의 주장을 우스꽝스럽게 표현하여 진지하게 고려할 가치가 없는 것으로 생각하게 하는 오류를 말한다.

> 예 인류가 원숭이로부터 진화했다고? 그렇다면 당신네 조상은 원숭이입니까? (깔깔깔)

⑤ **사적 관계에 호소하는 오류**: 개인적인 친분 관계를 내세워 자신의 논지를 받아들이게 하여 범하는 오류를 말한다.

> 예 내가 그렇게 야단맞는데도 보고만 있니? 그러고도 네가 친한 친구야?

⑥ **아첨에 호소하는 오류**: 아첨이나 아부를 하여 자신의 주장을 상대가 받아들이게 하여 범하는 오류를 말한다.

> 예 네가 나가서 항의해 봐. 너만큼 똑똑한 사람이 아니면 누가 그걸 항의하니?

⑦ **정황에 호소하는 오류**: 어떤 사람이 처한 정황을 비난하거나 논리의 근거로 내세움으로써 자신의 주장이 타당하다고 믿게 하려는 오류를 말한다.

> 예 얘, 빨리 일어나. 고등학생이 되어 가지고 일요일이라고 이렇게 늦잠을 자도 되는 거니?

⑧ **부적합한 권위에 호소하는 오류**: 논지와 직접적인 관련이 없는 권위자의 견해를 근거로 들거나 논리적인 타당성과는 무관하게 권위자의 견해라는 것을 내세워 주장의 타당성을 입증하려는 오류를 말한다.

> 예 교황이 천동설이 옳다고 했다. 따라서 천체들이 지구를 돌고 있음에 틀림없다.

⑨ **인신공격의 오류**: 주장하는 사람의 '말' 자체가 아니라 그 사람의 인품, 직업, 비난받을 만한 과거 정황 등을 트집잡아 주장 자체를 비판하는 오류를 말한다.

> 예 그는 사형을 받고 죽었으니, 그 사람의 연구는 모두 무가치해.

⑩ **역공격의 오류(피장파장의 오류)**: 자신을 공격하는(비난하는) 바가 상대방에게도 역시 적용될 수 있음을 내세워 공격함으로써 범하는 오류를 말한다.

> 예 내가 뭘 잘못했다고 그래! 내가 보니까 오빠는 더하더라 뭐.

⑪ **원천 봉쇄의 오류(우물에 독 뿌리기)**: 자신의 주장에 반론의 가능성이 있는 요소를 비난하여 반론 자체를 원천적으로 봉쇄하는 오류를 말한다.

> 예 산타클로스 할아버지는 분명 있어. 하지만 그걸 믿지 않는 아이에겐 선물을 안 주신대.

⑫ **거짓 원인의 오류**: 어떤 사건이나 사물의 원인이 아닌 것을 그것의 원인으로 여김으로써 발생하는 오류를 말한다.

> 예 시험에 붙은 것은 아침에 미역국을 먹지 않았기 때문이야.

(4) 간접 추론에 관한 오류

① **선언지 긍정의 오류**: 선언적 삼단 논법에서 선언지가 서로 배타적이지 않거나 선언지가 불완전한데 어느 한 선언지를 긍정했다는 이유로 나머지를 부정하는 결론을 내려 범하는 오류를 말한다. 선언적 삼단 논법의 전제가 이미 중복되어 오류가 된다.

> 예 전제 1. A는 얼굴이 잘생겼거나 두뇌가 우수할 것이다.
>   전제 2. A는 얼굴이 잘생겼다.
>   그러므로 A는 두뇌가 우수하지 못할 것이다.

② **전건 부정의 오류**: 가언적 삼단 논법에서 대전제의 전건을 부정하는 소전제를 바탕으로 결론을 내려 범하는 오류를 말한다.

> * 명제 'p → q'의 이(裏)인 '~p → ~q'에 해당
> 예 대전제. <u>근면하면</u> 성공한다.
>   전건
>   소전제. 그는 <u>근면하지 못하다.</u>
>   전건 부정
>   그러므로 그는 성공하지 못할 것이다.

③ **후건 긍정의 오류**: 가언적 삼단 논법에서 대전제의 후건을 긍정하는 소전제를 바탕으로 결론을 내려 범하는 오류를 말한다.

> * 명제 'p → q'의 역(逆)인 'q → p'에 해당
> 예 대전제. 비가 오면 <u>땅이 젖는다.</u>
>   후건
>   소전제. <u>땅이 젖었다.</u>
>   후건 긍정
>   그러므로 비가 왔음이 틀림없다.

혜원쌤의 노하우

연역 추론

연역은 일반적 진술 하나와 구체적 진술 하나를 증거로 하여 또 다른 특수 진술 하나가 진리라는 것을 증명하는 것이다. 증거가 되는 일반적 진술 하나를 '대전제', 또 다른 증거가 되는 구체적 진술 하나를 '소전제', 증명된 진리를 '연역적 결론'이라고 한다. 연역은 세 단계를 거치기 때문에 '삼단 논법'이라고도 한다.

> 예 대전제: 모든 사람은 죽는다. (일반적 진술)
>   소전제: 소크라테스는 사람이다. (구체적 진술)
>   결 론: 그러므로 소크라테스는 죽는다. (연역적 결론)

대표 문제

㉠~㉣의 예를 추가할 때 가장 적절한 것은?

2018년 국가직 9급

논리학에서 비형식적 오류 유형에는 우연의 오류, 애매어의 오류, 결합의 오류, 분해의 오류 등이 있다.

우선 ㉠ 우연의 오류란 거의 대부분의 경우에 적용되는 일반적인 원리나 규칙을 우연적인 상황으로 인해 생긴 예외적인 특수한 경우에까지도 무차별적으로 적용할 때 생기는 오류이다. 그 예로 "인간은 이성적인 동물이다. 중증 정신 질환자는 인간이다. 그러므로 중증 정신 질환자는 이성적인 동물이다."를 들 수 있다. ㉡ 애매어의 오류는 동일한 한 단어가 한 논증에서 맥락마다 서로 다른 의미를 지니는 것으로 사용될 때 생기는 오류를 말한다. "김 씨는 성격이 직선적이다. 직선적인 모든 것들은 길이를 지닌다. 고로 김 씨의 성격은 길이를 지닌다."가 그 예이다. 한편 각각의 원소들이 개별적으로 어떤 성질을 지니고 있다는 내용의 전제로부터 그 원소들을 결합한 집합 전체도 역시 그 성질을 지니고 있다는 결론을 도출하는 경우가 ㉢ 결합의 오류이고, 반대로 집합이 어떤 성질을 지니고 있다는 내용의 전제로부터 그 집합의 각각의 원소들 역시 개별적으로 그 성질을 지니고 있다는 결론을 도출하는 경우가 ㉣ 분해의 오류이다. 전자의 예로는 "그 연극단 단원들 하나하나가 다 훌륭하다. 고로 그 연극단은 훌륭하다."를, 후자의 예로는 "그 연극단은 일류급이다. 박 씨는 그 연극단 일원이다. 그러므로 박 씨는 일류급이다."를 들 수 있다.

① ㉠: 모든 사람은 죽는다. 소크라테스는 사람이다. 그러므로 소크라테스는 죽는다.
② ㉡: 부패하기 쉬운 것들은 냉동 보관해야 한다. 세상은 부패하기 쉽다. 고로 세상은 냉동 보관해야 한다.
③ ㉢: 미국 아이스하키 선수단이 이번 올림픽에서 금메달을 차지했다. 그러므로 미국 선수 각자는 세계 최고 기량을 갖고 있다.
④ ㉣: 그 학생의 논술 시험 답안은 탁월하다. 그의 답안에 있는 문장 하나하나가 탁월하기 때문이다.

정답 설명

② '부패(腐敗)하다'에는 '정치, 사상, 의식 따위가 타락하다.'라는 의미와 '미생물에 의하여 불완전 분해를 하여 악취가 나고 유독성 물질이 생기다.'라는 의미가 있다. 그런데 ②의 경우에 이 두 가지 의미를 동일한 의미로 이해하여 첫 번째 문장에서는 두 번째 의미(미생물 분해)로, 두 번째 문장에서는 첫 번째 의미(타락하다)로 사용하여 언어적 오류가 발생했으므로 애매하게 사용하여 발생한 '애매어의 오류' 사례로 적절하다.

오답 정리

① 해당 사례는 논리적 오류를 범한 사례로 적절하지 않다. 이는 '연역적 추론(정언적 삼단 논법)'에 의해 바르게 논리를 전개한 것이다.
③ 선수단이라는 '집단'의 기량이 뛰어나다는 전제로부터, 개별 선수들 역시 기량이 뛰어날 것이라는 결론을 도출하고 있으므로 ㉣ '분해의 오류'의 사례에 해당한다.
④ 답안의 문장 하나하나가 뛰어나다는 '개별적' 전제로부터, 그 문장이 결합한 답안 전체의 내용 역시 뛰어날 것이라는 결론을 도출하고 있으므로 ㉢ '결합의 오류'의 사례에 해당한다.

혜원쌤의 노하우

개념의 설명과 함께 구체적인 예시를 함께 들고 있다. 이때 본문에 제시된 예시가 큰 힌트이다. 본문에 제시된 예시와 동일한 구조를 가진 사례를 찾는 것도 하나의 방법이다.

01 ㉠의 예를 추가할 때 가장 적절한 것은?

> ㉠ 범주의 오류란 단어의 범주를 혼동하는 데서 생기는 오류로, 범주가 다른 단어가 한 범주에 속한다고 생각해서 발생하는 오류이다. 그 예로 "사단의 행진에서, 대대, 포대, 중대는 보았지만 사단을 보지 못했다."를 들 수 있다.

① 이 좁은 골목에서 야구를 하다니, 남의 집 유리창 깨려고 작정을 했네.

② 이곳은 소나무, 대나무, 밤나무로 가득한데 도대체 숲은 어디 있는 건가요?

③ ○○게임은 더 이상 인기가 없어. 지나가는 사람을 붙잡고 물어봐. 다 그렇다고 할 걸?

④ 이 동전을 던졌을 때, 3번 연속 앞면이 나왔어. 그러니 이건 앞면만 나오는 동전일 거야.

01

정답 설명

② '소나무, 대나무, 밤나무'가 가득한 곳을 '숲'이라고 한다. 각각의 나무들과 '숲'을 동일한 범주에 두고 생각하면서 생긴 오류이다. 따라서 ㉠의 예로 추가할 수 있다.

오답 정리

① 골목에서 야구를 했을 때, 남의 집 유리창을 깨는 것을 의도하지 않았을 것이다. 그런데 그런 의도가 있었을 것이라고 추론하고 있다. 따라서 이는 의도하지 않은 결과에 대하여 원래는 의도를 갖고 있기 때문에 책임이 있다고 판단하여 생기는 오류인 '의도 확대의 오류'를 범한 사례이다.

③ 지나가는 사람들 모두가 ○○게임은 더 이상 인기가 없다고 말할 것이라고 하였다. 더 이상 ○○게임이 인기가 없는 타당한 이유를 대지 않고, 많은 사람들이 그럴 것이라며 군중들을 끌어들이고 있다. 따라서 이는 타당한 근거는 제시하지 않고, 주장을 뒷받침하는 근거로 군중, 즉 많은 사람들을 끌어들이면서 군중 심리를 자극하여 범하는 오류인 '군중에 호소하는 오류'를 범한 사례이다.

④ 동전을 던진 세 차례의 경험만을 근거로, 앞면만 나오는 동전일 것이라고 추론하고 있다. 따라서 이는 제한된 정보, 부적합한 증거, 대표성을 결여한 사례 등을 근거로 이를 성급하게 일반화한 오류인 '성급한 일반화의 오류'를 범한 사례이다.

02 ⑤~②의 예를 추가할 때 가장 적절한 것은?

> ⑦ <u>성급한 일반화의 오류</u>는 제한된 정보, 부적합한 증거, 대표성을 결여한 사례를 근거로 일반화하는 오류이다. ⑥ <u>무지에 호소하는 오류</u>는 증명할 수 없거나 알 수 없음을 들어 거짓이라고 추론하는 오류이다. ⓒ <u>잘못된 인과 관계의 오류</u>는 단순한 선후 관계를 인과 관계로 추리하는 오류이다. ② <u>군중에 호소하는 오류</u>는 군중 심리를 자극하여 논지를 받아들이게 하는 오류이다.

① ⑦: 우리 동네 사람들은 다 집에 에어컨이 한 대씩은 있더라. 우리도 사야 해.

② ⑥: 엄마, 이번 시험 진짜 어려웠어요. 제가 이렇게 못 본 것을 보면 모르세요? 내 친구 철수와 영희도 못 봤어요.

③ ⓒ: 네가 지호와 친하게 지내고 난 후부터 성적이 많이 떨어졌는데, 그걸 보니 걔가 문제구나.

④ ②: 너 귀신을 본 적 있니? 없잖아. 그것 봐. 귀신은 없는 거야.

02

정답 설명

③ 지호와 친하게 지낸 것과 성적이 떨어진 것, 두 사건의 선후 관계를 충분한 근거 없이 인과 관계로 추리하고 있다. 따라서 이는 ⓒ의 사례로 적절하다.

오답 정리

① 동네 사람들 모두 가지고 있다는 군중 심리를 자극하고 있다. 따라서 이는 ②의 '군중에 호소하는 오류'를 범한 사례이다.

② 자신과 자신의 친구인 '철수'와 '영희'라는 제한된 정보로 일반화를 시키고 있다. 따라서 ⑦의 '성급한 일반화의 오류'를 범한 사례이다.

④ 상대가 귀신을 본 적이 없기 때문에, 귀신이 없다고 말하고 있다. 즉 증명할 수 없기 때문에 그것이 거짓이라고 추론하고 있는 것이기 때문에, 이는 ⑥의 '무지에 호소하는 오류'를 범한 사례이다.

03 ㉠의 예를 추가할 때 가장 적절한 것은?

> ㉠ 논점 일탈의 오류는 주장을 뒷받침하기 위해 관계없는 논거를 가져와 제시해서 생기는 오류이다. 그 예로 '이번 시험은 틀림없이 어려울 거야. 왜냐하면 선생님이 항상 수학은 어렵다고 말했기 때문이야.'를 들 수 있다.

① 동기인 A는 나를 싫어하지 않는다고 하였어. 그러니 A는 나를 좋아하는 게 틀림없어.

② 어머니는 우유를 좋아하신다. 그리고 쌀밥을 좋아하신다. 따라서 어머니는 쌀밥에 우유를 부어 함께 드시는 것도 좋아하실 거다.

③ 유명한 배우가 텔레비전에 나와서 ㅇㅇ비타민이 좋다고 추천해 줬어. 그 유명 배우가 좋다고 추천한 제품이니 ㅇㅇ비타민은 분명히 좋은 제품일 거야.

④ 우리 팀의 김ㅇㅇ 선수가 은퇴하였다. 팬들은 그의 등번호를 영구 결번으로 해야 한다고 주장하였다. 왜냐하면 그는 평소에 봉사 활동을 많이 하였기 때문이다.

PART 4

논리적 오류 해커스공무원 해원국어 적중 요약의 정규한 논리

03

정답 설명

④ 운동선수의 등번호를 영구 결번으로 해야 한다고 주장하기 위해서는 그의 선수로서의 업적을 들어야 한다. 그러나 근거로 선수로서의 업적이 아닌, 그의 평소 선행을 들고 있다. 따라서 주장과 관련이 없는 논거를 가져왔다는 점에서 '논점 일탈의 오류'를 범한 사례로 추가할 수 있다.

오답 정리

① '싫어하지 않는다.'의 반대말이 꼭 '좋아하다.'가 아닐 수 있음에도, 선택지가 '좋아하다'와 '싫어하다' 둘밖에 없다고 생각하고 결론을 내리고 있다. 따라서 이는 어떤 집합의 원소가 두 개밖에 없다고 생각하여 이것 아니면 저것이라고 단정적으로 추론하는 오류인 '흑백 사고의 오류'의 사례이다.

② '우유'와 '쌀밥' 개별적인 요소를 좋아한다고 해서, 그것을 합친 '쌀밥에 우유를 부어 먹는 것'도 좋아하리라고 추론하고 있다. 따라서 이는 각각의 개체가 참이라고 해서, 그것의 집합도 참일 것이라고 추론한 '합성의 오류(결합의 오류)'의 사례이다.

③ 유명한 배우이기는 하지만, 그가 약사나 의사처럼 비타민과 관련된 전문가는 아니다. 그럼에도 유명한 배우가 추천해 줬다는 것을 근거로 들어, 그 비타민이 좋다고 생각하고 있다. 따라서 이는 논지와 직접적인 관련이 없는 권위자의 견해를 근거로 들거나 논리적인 타당성과는 무관하게 권위자의 견해라는 것을 내세워 주장의 타당성을 입증하려는 오류인 '부적합한 권위에 호소하는 오류'의 사례이다.

04 (가)~(다)의 사례를 바르게 연결한 것은?

> (가) 가언적 삼단 논법에서 대전제의 전건을 부정하는 소전제를 바탕으로 결론을 내려 범하는 오류를 '전건 부정의 오류'라고 한다.
>
> (나) 가언적 삼단 논법에서 대전제의 후건을 긍정하는 소전제를 바탕으로 결론을 내려 범하는 오류를 '후건 긍정의 오류'라고 한다.
>
> (다) 선언적 삼단 논법에서 선언지가 서로 배타적이지 않거나 선언지가 불완전한데 어느 한 선언지를 긍정했다는 이유로 나머지를 부정하는 결론을 내려 범하는 오류를 '선언지 긍정의 오류'라고 한다.

> <보기>
>
> ㉠ 후보자들이 이기심을 극복할 수 있다면 부정선거는 사라질 것이다. 그러나 후보자들은 이기심을 극복할 수 없다. 따라서 부정선거는 사라지지 않는다.
>
> ㉡ 만일 그가 무사하다면 그는 돌아왔을 것이다. 그는 돌아왔다. 따라서 그는 무사하다.
>
> ㉢ 돼지는 미련한 동물이든지 구질구질한 동물이다. 돼지는 미련한 동물이다. 따라서 돼지는 구질구질한 동물은 아니다.

	(가)	(나)	(다)
①	㉠	㉡	㉢
②	㉠	㉢	㉡
③	㉡	㉠	㉢
④	㉢	㉡	㉠

04

정답 설명

① ㉠ '후보자들이 이기심을 극복할 수 있다면 부정선거는 사라질 것이다. 그러나 후보자들은 이기심을 극복할 수 없다. 따라서 부정선거는 사라지지 않는다.'에서 '후보자들이 이기심을 극복할 수 있다.'를 P, '부정 선거가 사라지다.'를 Q라고 할 때, 이를 기호로 나타내면 'P → Q, ∼P, 따라서 ∼Q'이다. 전건인 P를 부정함으로써, '∼Q'라는 결론을 내렸다는 점에서 (가)의 사례에 해당한다.

㉡ '만일 그가 무사하다면 그는 돌아왔을 것이다. 그는 돌아왔다. 따라서 그는 무사하다.'에서 '그가 무사하다'를 P, '그가 돌아오다.'를 Q라고 할 때, 이를 기호로 나타내면 'P → Q, Q, 따라서 P'이다. 후건인 Q를 긍정함으로써 P라는 결론을 내렸다는 점에서 (나)의 사례에 해당한다.

㉢ '돼지는 미련한 동물이든지 구질구질한 동물이다. 돼지는 미련한 동물이다. 따라서 돼지는 구질구질한 동물은 아니다.'에서 '돼지는 미련한 동물이다.'를 P, '돼지는 구질구질한 동물이다.'를 Q라고 할 때, 이를 기호로 나타내면 'P∨Q, P, 따라서 ∼Q'이다. 한 선언지인 P를 긍정함으로써, 나머지 Q를 부정하는 결론을 내렸다는 점에서 (다)의 사례에 해당한다.

05 다음 오류에 대한 예시로 가장 적절한 것은?

> 자신의 주장에 반론의 가능성이 있는 요소를 비난하여 반론 자체를 하지 못하도록 원천적으로 막아 버리는 오류

① 철수야, 너 요즘은 동생 안 때리니?

② 노래 차트 1위라니, 이 노래는 훌륭한 노래임에 틀림없어.

③ 올림픽 경기에서 우리나라를 응원하지 않는 사람은 민족 반역자이다.

④ 서민을 위해 일하겠다고 한 국회의원이 명품 옷만 입는다는 것이 말이 되니?

05

정답 설명

③ 제시된 글에서 설명하고 있는 오류는 '원천 봉쇄의 오류'이다. 이에 대한 예시로 가장 적절한 것은 ③이다. 올림픽 경기에서 우리나라를 응원하라는 주장을 펼치는데, 응원하지 않는 사람을 '민족 반역자'라고 하면서 반론 자체를 못하도록 원천적으로 막아 버리고 있다.

오답 정리

① '철수야, 너 요즘은 동생 안 때리니?'에는 '요즘'과 '동생을 때리다' 두 가지 질문이 하나로 묶여 있다. 이 경우에는 대답 여하에 관계없이 수긍하고 싶지 않은 사실까지도 수긍할 수밖에 없다는 점에서 '복합 질문의 오류'를 범한 사례이다.

② 노래 차트 1위를 했다는 것은 그만큼 많은 사람들에게 인기 있는 노래이다. 그런데 노래 차트 1위를 한 노래라고 반드시 훌륭한 노래인 것은 아니다. 그럼에도 많은 사람들이 듣는 노래라는 것을 근거로 그 노래가 훌륭한 노래라고 주장한다는 점에서 '군중에 호소하는 오류'를 범한 사례이다.

④ 서민을 위해 일하겠다는 국회의원을 '말' 자체가 아니라, 그의 옷차림을 트집 잡아 그의 주장 자체를 비판하고 있다는 점에서 '인신공격의 오류'를 범한 사례이다.

06 ㉠~㉣의 예를 추가할 때 가장 적절한 것은?

> ㉠ 논점과 관계없는 것을 제시하여 무관한 결론에 이르게 되는 오류
>
> ㉡ 의도하지 않은 결과를 의도가 있다고 판단하여 생기는 오류
>
> ㉢ 어떤 집합의 원소가 단 두 개밖에 없다고 여기고 추론하는 오류
>
> ㉣ 제한된 정보, 부적합한 증거, 대표성을 결여한 사례 등을 근거로 이를 성급하게 일반화한 오류

① ㉠: 어차피 인생은 성공한 사람과 실패한 사람, 두 부류로 나뉘게 되어 있어.

② ㉡: 복도에서 시끄럽게 뛰지 말랬지. 어서 들어가서 공부해!

③ ㉢: 너 오늘 지각했던데, 반 아이들이 선생님께 혼나고 있는 것을 알고 피하려고 늦은 거지?

④ ㉣: 예부터 하나를 보면 열을 알 수 있다고 했는데, 옷 입은 꼴을 보니 그 친구는 성품이 좋지 않은 것 같구나. 그 아이랑 은 같이 다니지 말거라.

06

정답 설명

④ ㉠은 논점 일탈의 오류, ㉡은 의도 확대의 오류, ㉢은 흑백 논리의 오류, ㉣은 성급한 일반화의 오류에 대한 설명이다.
㉣에서 설명하고 있는 제한된 정보, 부적합한 증거, 대표성을 결여한 사례 등을 근거로 이를 성급하게 일반화한 오류는 '성급한 일반화의 오류'이다. '옷 입는 꼴'이라는 제한적인 정보만을 가지고, 그 친구의 성품을 판단하고 있다는 점에서 '성급한 일반화의 오류'의 사례로 적절하다.

오답 정리

① 사람을 '성공한 사람'과 '실패한 사람' 두 부류밖에 없다고 생각하고 있다는 점에서, ㉢에서 설명하고 있는 '흑백 논리의 오류'를 범한 사례이다.

② 복도에서 뛰지 않는 것과 공부하는 것 사이에는 관련이 없기 때문에, ㉠에서 설명하고 있는 '논점 일탈의 오류'를 범한 사례이다.

③ 오늘 지각한 것을 두고, 원래부터 의도가 있었다고 생각하고 있다. 따라서 ㉡에서 설명하고 있는 '의도 확대의 오류'를 범한 사례이다.

07 다음 글에서 설명하고 있는 오류의 사례를 모두 고른 것은?

> 거짓 원인의 오류는 어떤 사건이나 사물의 원인이 아닌 것을 그것의 원인으로 여김으로써 발생하는 오류이다.

> <보기>
> ㉠ 클린턴의 주장은 믿을 수 없어. 그는 사생활이 복잡했던 사람이야.
> ㉡ 나는 이전에 빨간 옷을 입고서 수학 시험을 보았는데 만점을 받았다. 나는 내일 수학 시험에서 만점을 받기
>   위하여 빨간 옷을 입을 것이다.
> ㉢ 저수지에서 떠온 물 한 컵을 시험해 보았는데, 그것은 마셔도 안전한 물로 판정되었다. 당국은 그 저수지의 물
>   전부를 마셔도 안전하다는 결론을 내렸다.

① ㉠

② ㉡

③ ㉠, ㉢

④ ㉠, ㉡, ㉢

07

정답 설명

② <보기>의 ㉠~㉢ 중 '거짓 원인의 오류'에 해당하는 것은 ㉡이다.

　㉡ '빨간 옷'과 '수학 시험 만점' 사이에는 아무런 관련이 없다. 즉 원인과 결과가 아닌 것이다. 그럼에도 인과 관계가 있다고 판단하여, 내일 수학 시험에도
　　만점을 받기 위해 빨간 옷을 입을 것이라고 하였다. 따라서 이는 '거짓 원인의 오류'를 범한 사례이다.

오답 정리

㉠ 클린턴의 사생활을 근거로, 그의 주장 모두를 믿을 수 없다고 말하고 있다. 이는 주장하는 사람의 '말' 자체가 아니라 그 사람의 인품, 직업, 비난받을 만한
　과거 정황 등을 트집 잡아 주장 자체를 비판하는 오류인 '인신공격의 오류'를 범한 사례이다.

㉢ 저수지 전체에서 일부의 물을 떠서 시험한, 그 물이 안전한 물로 판정되었다고 해서 저수지 전체의 물이 마셔도 된다고 결론 내리고 있다. 이는 개체로서
　진실인 것이 다만 그 이유만으로 개체의 집합인 전체에서도 진실이라고 봄으로써 발생하는 오류인 '합성의 오류(결합의 오류)'를 범한 사례이다.

08 다음 글에서 설명하고 있는 오류의 사례를 모두 고른 것은?

> 순환 논증의 오류는 주장에 대한 근거가 충분하지 못하여 발생하며, 같은 내용을 되풀이하게 되어 범하는 오류이다.

<보기>

㉠ 신은 존재한다. 성경에 그렇게 쓰여 있으니까. 성경의 내용이 참임을 어떻게 아냐고? 신의 말씀이기 때문이다.

㉡ 경제학자 케인즈의 말에 따르면, 어린이들에게 선택의 자유를 무조건 허용해야 한다는 당신의 주장은 잘못된 것이다.

㉢ 우리 요구를 받아들이지 않으면 정말 큰일이 발생할 것입니다. 그럴 경우 그 사태에 대한 책임은 당신에게 있습니다.

㉣ 배운 사람은 그렇게 상스러운 말을 쓰지 않는다. 왜냐하면 천한 말을 사용하는 사람은 제대로 교육받았다고 할 수 없기 때문이다.

---

① ㉠, ㉡

② ㉠, ㉣

③ ㉠, ㉢, ㉣

④ ㉡, ㉢, ㉣

08

정답 설명

② <보기>의 ㉠~㉣ 중 '순환 논증의 오류'를 범한 것은 ㉠과 ㉣이다.

㉠ '신이 존재한다'는 주장의 근거로 '성경'을 들고, '성경이 참인 이유'의 근거로 '신의 말씀'을 들며 원래 증명하려던 '신의 존재'를 근거로 사용한다는 점에서 '순환 논증의 오류'를 범한 사례로 볼 수 있다.

㉣ '배운 사람'은 '교육받은 사람'과, '상스러운 말'은 '천한 말'과 동일한 의미이다. 즉 배운 사람은 상스러운 말을 쓰지 않는다는 말을 반복하고 있다는 점에서 '순환 논증의 오류'를 범한 사례로 볼 수 있다.

오답 정리

㉡ 경제학자 케인즈는 아동학의 전문가가 아니다. 그럼에도 그의 말을 근거로 들어 아이들에게 선택의 자유를 무조건 허용해야 하는 당신의 주장이 잘못된 것이라고 주장하고 있다. 따라서 이는 논지와 직접적인 관련이 없는 권위자의 견해를 근거로 들거나 논리적인 타당성과는 무관하게 권위자의 견해라는 것을 내세워 주장의 타당성을 입증하려는 오류인 '부적합한 권위에 호소하는 오류'를 범한 사례이다.

㉢ 자신들의 요구를 받아들이지 않을 경우, '큰일'이 발생할 것이라며 협박하고 있다. 따라서 이는 자신이 가진 힘이나 위력을 행사하여 상대방이 자신의 주장을 받아들이게 하여 범하는 오류인 '공포(위력)에 호소하는 오류'를 범한 사례이다.

1회독
2회독
3회독

대표 문제

다음 글의 논리적 오류와 같은 종류의 오류가 있는 것은?　　　　　　　　　　　　　　2016년 지방직 7급

> 규칙적인 생활을 하고 운동을 열심히 하는 사람은 건강합니다. 왜냐하면, 건강한 사람은 규칙적인 생활을 하고 운동을 열심히 하기 때문입니다.

① 분열은 화합으로 극복할 수 있다. 화합한 사회에서는 분열이 일어나지 않는다.

② 미확인 비행 물체(UFO)가 없다는 주장이 입증되지 않았으므로 미확인 비행 물체는 존재한다.

③ 지금 서른 분 가운데 열 분이 손을 들어 반대하셨습니다. 손을 안 드신 분은 모두 제 의견에 찬성하는 것으로 알겠습니다.

④ A 지역에서 생산한 사과도 맛이 없고, B 지역에서 생산한 사과도 맛이 없습니다. 따라서 올해는 맛있는 사과를 맛볼 수 없을 것입니다.

정답 설명

① 제시된 글에서 '건강하다', '규칙적인 생활을 하고 운동을 열심히 한다.'가 근거와 주장에서 되풀이되고 있다. 이를 볼 때, '순환 논증의 오류'를 범하고 있다. 이와 유사한 오류를 범한 것은 ①이다. ①에서도 '분열 발생'과 '화합으로의 극복'이 근거와 주장에서 되풀이되고 있다.

오답 정리

② '미확인 비행 물체(UFO)가 없다는 주장이 입증되지 않았음'을 근거로 내세우고 있다. 따라서 어떤 사실을 증명할 수 없거나 알 수 없다는 것을 근거로 그것이 참 혹은 거짓이라고 주장하는 오류인 '무지에 호소하는 오류'를 범하고 있다.

③ '찬성'이 아니면 '반대'라 생각하고 있다. 따라서 어떤 집합의 원소가 두 개밖에 없다고 생각하여 이것 아니면 저것이라고 단정적으로 추론하는 오류로 중간 항을 허용하지 않아 생기는 오류인 '흑백 사고의 오류'를 범하고 있다.

④ 두 지역의 정보만을 가지고 성급하게 일반화를 하고 있다. 즉 제한된 정보, 부적합한 증거, 대표성을 결여한 사례 등을 근거로 이를 성급하게 일반화한 오류인 '성급한 일반화의 오류'를 범하고 있다.

01 다음 글의 논리적 오류와 같은 종류의 오류가 있는 것은?

> A모임의 사람들은 모두 좋은 일을 하는 사람들이다. 그렇기 때문에 A모임은 모여서 좋은 일만 할 것이다.

① 넌 나랑 더 친한데, 어떻게 저 아이의 편을 들어줄 수 있어?

② 왜 점심을 안 먹는다는 거니? 밥도 안 먹고 굶어 죽으려고 작정했구나.

③ 신랑과 신부 모두 훌륭한 인재들이므로 가정을 화목하게 꾸려나갈 것이 틀림없다.

④ 모르핀은 왜 고통을 느끼지 못하게 하는가? 모르핀에는 고통을 느끼지 못하게 하는 효과가 있기 때문이다.

01

정답 설명

③ A모임에 참석하는 개개인이 좋은 일을 하는 사람들이라고 해서, 그들의 집합인 모임이 언제나 좋은 일만 할 것이라고 추론하고 있다. 즉 개체로서 진실인 것이 다만 그 이유만으로 개체의 집합인 전체에서도 진실이라고 봄으로써 발생하는 오류인 '합성의 오류(결합의 오류)'를 범하고 있다. 이와 동일한 오류를 범하고 있는 것은 ③이다. 신랑과 신부 개개인이 훌륭하다고 해서, 그들이 함께 꾸릴 가정도 그럴 것이라고 추론하고 있기 때문이다.

오답 정리

① '친하다'는 사적 관계를 근거로 상대방을 비난한다는 점에서 '사적 관계에 호소하는 오류'의 사례이다.

② 점심을 먹지 않는다고 했을 뿐, 굶어 죽을 의도로 밥을 안 먹는다고 하지는 않았다. 따라서 '의도 확대의 오류'의 사례이다.

④ 모르핀이 왜 고통을 느끼지 못하는지에 대해, 모르핀에 그 효과가 있다고 말하고 있다. 같은 내용을 되풀이한다는 점에서 '순환 논증의 오류'의 사례이다.

02 '을'이 범하고 있는 논리적 오류와 같은 종류의 오류가 있는 것은?

> 갑: 도대체 살인범에게 칼을 왜 돌려준 겁니까?
>
> 을: 빌린 물건은 주인이 달라고 하면 언제든지 돌려주어야 하는 법 아닌가요? 그래서 그 친구가 화가 나서 자기 아내를 죽이려는 걸 알았지만 전들 어떻게 할 수가 있나요? 자기 칼을 돌려달라니 돌려 줄 수밖에 없었어요.

① 어머니는 자장면을 좋아하지 않으니까 틀림없이 자장면을 싫어할 거야.

② ○○차는 작년에 최고 판매량을 기록하였습니다. 따라서 현명한 소비자는 ○○차를 선택합니다.

③ 살인은 반인륜행위이다. 안중근 의사는 초대 한국통감을 역임한 이토 히로부미를 저격했다. 따라서 안중근 의사는 반인륜행위자이다.

④ 버스에서 마주친 두 명의 젊은이는 나이 많은 할머니에게 자리를 양보해 주지 않는다. 이런 것을 보더라도 요즘 젊은이들은 어른을 공경할 줄 모른다.

02

정답 설명

③ '을'은 '빌린 물건은 주인이 달라고 하면 언제든지 돌려주어야 한다.'는 원칙이 특수한 경우인 '살인 사건'에도 적용된다고 생각하고 있다. 따라서 '을'이 범하고 있는 논리적 오류는 일반적으로 적용되므로 특수한 경우에도 적용될 수 있다고 생각해서 빚어지는 오류인 '우연과 원칙 혼동의 오류'이다. 이와 동일한 오류를 범하고 있는 것은 ③이다. ③에서는 '살인은 반인륜행위이다'라는 일반 원칙을 안중근 의사의 특수한 행위에 그대로 적용하여 '안중근 의사는 반인륜행위자이다'라는 결론을 도출하고 있다. 이는 안중근 의사의 행위가 가진 역사적 · 정치적 맥락을 고려하지 않은 채 일반 원칙을 기계적으로 적용한 것이다.

오답 정리

① 자장면을 '좋아하지 않음'을 곧 '싫어함'이라고 생각하고 있다. 즉 자장면에 대해 '좋다'와 '싫다' 두 가지 선택지만 있다고 생각한 것이다. 따라서 이는 어떤 집합의 원소가 두 개밖에 없다고 생각하여 이것 아니면 저것이라고 단정적으로 추론하는 오류로 중간 항을 허용하지 않아 생기는 오류인 '흑백 사고의 오류'를 범한 사례이다.

② 작년 판매량이 높음, 즉 많은 사람들이 ○○차를 선택한 것을 근거로 내세우고 있다. '많은 사람들'을 근거로 내세웠다는 점에서 이는 타당한 근거는 제시하지 않고, 주장을 뒷받침하는 근거로 군중, 즉 많은 사람들을 끌어들이면서 군중 심리를 자극하여 범하는 오류인 '군중에 호소하는 오류'를 범한 사례이다.

④ 버스에서 마주친 두 명의 젊은이의 행동만을 보고, 요즘 젊은이들 전체가 그럴 것이라고 성급하게 결론을 내리고 있다. 따라서 이는 제한된 정보, 부적합한 증거, 대표성을 결여한 사례 등을 근거로 이를 성급하게 일반화한 오류인 '성급한 일반화의 오류'를 범한 사례이다.

03 다음 글의 논리적 오류와 같은 종류의 오류가 있는 것은?

> 지금부터 대통령을 비난하는 말을 하는 사람은 국가 원수 모독죄로 체포할 겁니다. 그러니 앞으로 대통령을 비난하지 마세요.

① 냉장고에 있던 아이스크림 네가 먹었지? 네가 먹지 않았다는 증거가 없는 걸 보니 네가 먹은 게 분명하구나!

② 범죄자는 유년 시절 신체적·정신적 학대를 받으며 자랐습니다. 그의 안타까운 유년 시절을 고려하여, 그의 형을 감해 주시기 바랍니다.

③ 전 연인은 얼굴이 잘생기고 몸도 좋았다. 그리고 바람을 피웠다. 지금 연인도 얼굴이 잘생기고 몸도 좋다. 그러니 지금 연인도 바람을 피울 것이다.

④ 사형제를 폐지하는 나라가 늘고 있습니다. 이러한 전 세계적인 추세에 따라 우리나라도 사형제를 폐지해야 합니다. 만약 사형제가 유지되면, 우리나라는 전 세계로부터 외면을 받을 것이고, 그러면 신용도가 하락하고, 결국에는 경제적 위기까지 맞이하게 될 것입니다.

03

정답 설명

④ 대통령을 비난하면, 국가 원수 모독죄로 체포할 것이라며 '두려움(공포)'을 근거로 들어 대통령을 비난하지 말라고 주장하고 있다. 따라서 이는 자신이 가진 힘이나 위력을 행사하여 상대방이 자신의 주장을 받아들이게 하여 범하는 오류인 '공포에 호소하는 오류'를 범한 사례이다. 이와 동일한 종류의 오류를 범한 것은 ④이다. ④에서도 사형제를 폐지하지 않을 경우 우리나라가 전 세계적으로 외면 받고, 신용도도 하락하고, 경제적 위기까지 맞이하게 될 것이라면서 '두려움(공포)'을 근거로 사형제를 폐지해야 한다고 주장하고 있다.

오답 정리

① 자신의 아이스크림을 훔쳐 먹지 않았다는 증거를 확인할 수 없음을 근거로 범인이라고 결론 내리고 있다. 따라서 어떤 사실을 증명할 수 없거나 알 수 없다는 것을 근거로 그것이 참 혹은 거짓이라고 주장하는 오류인 '무지에 호소하는 오류'를 범한 사례이다.

② 범죄자의 유년 시절이 불우했다는 것을 근거로, 그의 형을 감해 달라고 주장하고 있다. 이는 상대방의 동정심이나 연민의 정을 유발하여 자신의 주장을 정당화하려는 오류인 '동정에 호소하는 오류'를 범한 사례이다.

③ 전 연인과 지금 연인의 특징 일부분이 비슷하기 때문에, 지금 연인도 언젠가는 전 연인처럼 바람을 피울 것이라고 결론 내리고 있다. 이는 일부분이 비슷하다고 해서 나머지도 비슷할 것이라고 생각하는, 즉 유추를 잘못해서 생기는 오류인 '잘못된 유추의 오류'를 범한 사례이다.

04 다음에 제시된 오류와 동일한 오류를 범하고 있는 것은?

> 철수가 1등이 아닌 것을 보니 꼴찌를 한 것이 분명하다.

① 내 의견에 반대하지 않았으니, 그는 내 의견에 찬성할 거야!

② 철수야, 넌 내 의견에 찬성할 거지? 넌 나의 죽마고우잖아.

③ 이 신문기사의 내용은 진실이다. 왜냐면 이 기사에 그렇게 적혀있기 때문이다.

④ 이웃에게 거짓말을 하지 말라고 하였으니, 이웃이 아닌 사람에게는 거짓말을 해도 되겠지?

04

정답 설명

① 철수의 등수가 1등도, 꼴찌도 아닌 중간 등수일 수 있다. 그럼에도 1등이 아니면 꼴찌라고 판단하고 있다는 점에서 어떤 집합의 원소가 두 개밖에 없다고 생각하여 이것 아니면 저것이라고 단정적으로 추론하는 오류로 중간 항을 허용하지 않아 생기는 오류인 '흑백 사고의 오류'를 범한 것이다. 이와 동일한 오류를 범한 것은 ①이다. 찬성도 반대도 하지 않을 수도 있음에도 불구하고 '찬성' 아니면 '반대'라고 판단하고 있다.

오답 정리

② '죽마고우'라는 사적인 관계를 근거로 해서, 자신의 의견에 찬성하라고 말하고 있다. 따라서 개인적인 친분 관계를 내세워 자신의 논지를 받아들이게 하여 범하는 오류인 '사적 관계에 호소하는 오류'를 범한 사례이다.

③ 신문기사의 내용이 진실이라는 주장을 하기 위한 논거로, 다시 신문 기사를 들고 있다. 주장과 논거가 반복되고 있다는 점에서 '순환 논증의 오류'를 범한 사례이다.

④ '이웃에게 거짓말을 하지 말라'는 주장에서 '이웃에게' 부분만 강조하여, 그렇다면 '이웃'이 아닌 사람에게는 거짓말을 해도 되겠다고 생각하고 있다. 따라서 특정 단어나 구 또는 문장 등 어느 한 부분을 강조함으로써 발생하는 오류인 '강조의 오류'를 범한 사례이다.

05 다음 중 '갑'이 범하고 있는 오류와 동일한 종류의 오류를 범한 것은?

> 갑: 어제 우리나라 여성 세 명이 8,848m나 되는 에베레스트산 정복에 성공했다는 뉴스 봤니? 남성들도 하기 힘든데 여성의 몸으로 그런 커다란 업적을 이룩했다는 것은 우리나라 등반사뿐만 아니라 여성사에도 기록될 만한 일일 거야. 이것만 봐도 우리나라 여성은 모두 대단한 거 같아!
>
> 을: 응, 맞아.

① 교황이 천동설이 옳다고 했다. 따라서 천체들이 지구를 돌고 있음에 틀림없다.

② 우리 아버님은 커피를 아주 즐기셨는데, 백 살까지 사셨어. 그러니 커피는 장수의 비결임에 틀림없어.

③ 철수야! 오늘 따라 너무 멋져 보이는데. 머리 스타일도 너무 멋있다. 역시 철수가 우리 반에서 제일 똑똑해. 그래서 그런데 네 노트 좀 빌려 주라.

④ 화성에서 식물을 발견할 확률은 1/2이다. 동물을 발견할 확률도 1/2이다. 따라서 화성에서 동물이든 식물이든 어떤 생명체를 발견할 확률은 1/2+1/2=1이다.

05

정답 설명

② '갑'은 에베레스트를 정복한 세 명의 여성만을 근거로 우리나라 여성 전체가 대단하다고 결론을 내리고 있다. 따라서 '갑'이 범하고 있는 오류는 제한된 정보, 부적합한 증거, 대표성을 결여한 사례 등을 근거로 이를 성급하게 일반화한 오류인 '성급한 일반화의 오류'이다. 이와 동일한 오류를 범한 것은 ②이다. 자신의 아버님의 사례만을 근거로, 커피가 장수의 비결이라고 결론을 내리고 있다.

오답 정리

① '교황'은 과학의 권위자가 아니다. 그럼에도 '교황'이 천동설이 옳다고 한 것을 근거로, 천동설이 옳다고 주장하고 있다는 점에서 논지와 직접적인 관련이 없는 권위자의 견해를 근거로 들거나 논리적인 타당성과는 무관하게 권위자의 견해라는 것을 내세워 주장의 타당성을 입증하려는 오류인 '부적합한 권위에 호소하는 오류'의 사례이다.

③ 철수의 노트를 빌리기 위해서 철수가 멋져 보이고 우리 반에서 제일 똑똑하다면서 아첨하고 있다. 따라서 아첨이나 아부를 하여 자신의 주장을 상대가 받아들이게 하여 범하는 오류인 '아첨에 호소하는 오류'의 사례이다.

④ '식물을 발견할 확률'과 '동물을 발견할 확률', 각각의 확률의 합이 전체의 합, 즉 '생명체를 발견할 확률'일 것이라고 생각하고 있다. 이는 개체로서 진실인 것이 다만 그 이유만으로 개체의 집합인 전체에서도 진실이라고 봄으로써 발생하는 오류인 '합성의 오류(결합의 오류)'의 사례이다.

06 다음 대화에서 '환자'가 범한 오류와 동일한 오류를 범한 것은?

> 의사: 음주와 흡연은 고혈압과 당뇨를 유발할 수 있으니 조절하십시오.
> 환자: 에이, 의사 선생님도 술, 담배 하시잖아요.

① 이 휴대폰은 한의사가 사용하는 제품이라 믿고 구매했어.

② 저와 오랜 시간을 함께한 선생님은 제 의견에 동의하셔야 합니다.

③ 나를 거짓말쟁이라 비난하는 당신은 단 한 번의 거짓말도 한 적이 없습니까?

④ 저는 학생에게서 돈을 빼앗지 않았습니다. 제가 학생의 돈을 뺏는 걸 본 사람이 없는 걸요.

06

정답 설명

③ 음주와 흡연을 조절하라는 의사의 말에, 환자는 의사 당신도 술과 담배를 하지 않느냐고 받아치고 있다. 즉 '너도 하잖아!'의 형식으로 받아치고 있는 것이다. 이는 자신을 공격하는(비난하는) 바가 상대방에게도 역시 적용될 수 있음을 내세워 공격함으로써 범하는 오류인 '역공격의 오류(피장파장의 오류)'를 범한 것이다. 이와 동일한 오류를 범한 것은 ③이다. 자신을 거짓말쟁이라고 비난하는 사람에 대해 '너도 거짓말한 적이 있잖아!'라는 식으로 받아치고 있기 때문이다.

오답 정리

① '한의사'는 '휴대폰'의 권위자가 아니다. 그럼에도 '한의사'가 쓰는 제품이기 때문에, 믿고 그 휴대폰을 구매했다고 하였다. 이는 논지와 직접적인 관련이 없는 권위자의 견해를 근거로 들거나 논리적인 타당성과는 무관하게 권위자의 견해라는 것을 내세워 주장의 타당성을 입증하려는 오류인 '부적합한 권위에 호소하는 오류'의 사례이다.

② 자신과 오랜 시간을 함께했다는, 즉 '사적 관계'에 오래되었다는 것을 근거로 자신의 의견에 동조해 달라고 말하고 있다. 이는 개인적인 친분 관계를 내세워 자신의 논지를 받아들이게 하여 범하는 오류인 '사적 관계에 호소하는 오류'의 사례이다.

④ 자신이 학생들에게 돈을 빼앗는 것을 본 사람이 없다는 것을 근거로, 자신이 학생들의 돈을 빼앗지 않았다고 말하고 있다. 이는 어떤 사실을 증명할 수 없거나 알 수 없다는 것을 근거로 그것이 참 혹은 거짓이라고 주장하는 오류인 '무지에 호소하는 오류'의 사례이다.

2026 대비 최신판

해커스공무원
혜원국어
적중 여신의
정교한 논리

초판 1쇄 발행 2025년 6월 9일

지은이	고혜원
펴낸곳	해커스패스
펴낸이	해커스공무원 출판팀

주소	서울특별시 강남구 강남대로 428 해커스공무원
고객센터	1588-4055
교재 관련 문의	gosi@hackerspass.com
	해커스공무원 사이트(gosi.Hackers.com) 교재 Q&A 게시판
	카카오톡 플러스 친구 [해커스공무원 노량진캠퍼스]
학원 강의 및 동영상강의	gosi.Hackers.com

ISBN	979-11-7404-192-0 (13710)
Serial Number	01-01-01

공무원 교육 1위,
해커스공무원 **gosi.Hackers.com**

해커스공무원

· **해커스공무원 학원 및 인강**(교재 내 인강 할인쿠폰 수록)
· 정확한 성적 분석으로 약점 극복이 가능한 **합격예측 온라인 모의고사**(교재 내 응시권 및 해설강의 수강권 수록)
· 해커스 스타강사의 **공무원 국어 무료 특강**
· 필수어휘와 사자성어를 편리하게 학습할 수 있는 **해커스 매일국어 어플**